中南财经政法大学出版基金资助出版

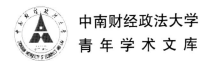

中南财经政法大学
青年学术文库

空气污染对劳动力流动的影响研究

叶金珍　著

武汉大学出版社

图书在版编目(CIP)数据

空气污染对劳动力流动的影响研究/叶金珍著.—武汉：武汉大学出版社,2023.12
（中南财经政法大学青年学术文库）
ISBN 978-7-307-24110-7

Ⅰ.空… Ⅱ.叶… Ⅲ.空气污染—影响—劳动力流动—研究—中国 Ⅳ.F249.21

中国国家版本馆 CIP 数据核字（2023）第 211280 号

责任编辑:唐　伟　　　责任校对:汪欣怡　　　版式设计:马　佳

出版发行:**武汉大学出版社**　（430072　武昌　珞珈山）
（电子邮箱: cbs22@ whu.edu.cn　网址: www.wdp.com.cn）
印刷:武汉邮科印务有限公司
开本:720×1000　1/16　印张:9.75　字数:158 千字　插页:2
版次:2023 年 12 月第 1 版　　2023 年 12 月第 1 次印刷
ISBN 978-7-307-24110-7　　定价:58.00 元

前　言

自 2010 年以来，中国流动人口一直维持在 2 亿以上，国家统计局 2022 年 10 月的数据显示，目前中国流动人口高达 3.8 亿。大规模的劳动力迁移是中国目前及未来较长一段时间内的一个重要人口特征，劳动力流动是维持经济增长的基本动力。经济增长理论认为，发展经济需满足三个条件，即资本、人力和技术。由于人力可以创造技术，吸引资本流入，因而人力是更为重要的条件。现阶段，人才的重要性越发凸显出来，新一线城市全员加入"抢人大战"。纵观各大城市的人才政策，主要集中在户籍、工资报酬、子女上学、社会保障、住房、补贴等方面。如火如荼的人才争夺战能否有效助推劳动力要素的空间配置优化？尽管关于如何增加城市的人才吸引力的研究较为丰富，但现有文献基本是围绕经济、制度、文化、就业机会、就业前景等展开的。新时代背景下是否出现了新的因素影响劳动力流动？

与此同时，随着社会的进步和生活条件的不断改善，以及"80 后""90 后"新生代群体成为流动人口的主力军，民众对生活质量的要求越来越高，城市的良好自然环境对人口的吸引力作用开始显现。习近平总书记提出"绿水青山就是金山银山"的理念，各级党和政府把环境治理工作提升到前所未有的高度。良好的空气质量是生活品质提升的重要组成部分，空气质量恶化对人类健康和经济发展造成诸多负面影响。个人投入大量的资源来保护自己免受空气污染伤害，这些防御性支出代表了除直接死亡率和发病率之外空气污染的非常真实的代价。人们对空气污染带来的健康威胁越来越敏感，对雾霾的忍耐正在逐渐消失，特别是中产阶级。"雾霾移民""环境移民""逃离雾霾"等词汇甚至登上了诸多社交平台的热搜榜，空气污染成为一个备受关注的社会问题。空气质量的改善可谓"民之所望、政之所向"。

那么，劳动力会对空气污染作出迁移反应吗？本书将空气污染和劳动力流动问题结合起来研究，遵循理论-实证的技术路径，主要回答了三个问题，分别是：空气污染影响劳动力的流动决策吗？空气污染影响劳动力的区位选择（流向）吗？空气污染如何影响劳动力流动？对这些问题的研究具有一定的理论意义和应用价值，这主要体现在以下五个方面：

（1）将空气污染引入同质性劳动力和异质性劳动力区位选择的分析框架中，拓宽了空气污染的研究范围，也丰富了劳动力区位选择理论，为两者的交叉研究开辟了一个新的视角。

（2）利用新经济地理学模型来研究空气污染和劳动力区位选择的关系，拓展了新经济地理学在环境经济学和劳动经济学相关研究上的应用广度和深度，为新经济地理学、环境经济学和劳动经济学在学科交叉领域的融合及拓展性研究提供新的指引，为经济社会发展提供更加科学的指导和决策依据。

（3）在过去的十余年中，政府对空气污染问题高度重视并持续出台了相关政策，并在党的十九大报告中，将污染防治列为新一届政府的三大攻坚战之一。然而，地方政府的空气污染治理主要依靠中央政府强行推动或外部力量刺激（石庆玲等，2016，2017；谌仁俊等，2019），如环保部自2014年起开始实施的环保约谈、2015年建立的环保督察工作机制、重大官方活动对局部地区空气质量的改善（如"APEC蓝"）等。这类命令-控制型环境保护政策在短期内可能有效（涂正革等，2015；石庆玲等，2017），但长期来看，应对污染治理过程中频频出现的"政府失灵"问题是一个巨大挑战。本书基于空气污染引致劳动力空间再配置这一新视角，试图为当前行政力量主导的污染治理政策寻求内生性的驱动力。我们的逻辑非常直观：劳动力为了健康会"逃离"空气污染严重的城市而选择空气质量较好的城市，那么，空气污染治理可以视作城市对人力资本的一种间接投资。

（4）一个城市的空气污染治理表面上耗费了"财力"，在短期可能因为产业结构调整、经济增速放缓等引发失业问题，但从长期来看却由于空气质量改善，间接地增加了该城市对人才的"吸引力"，而人才的汇聚是经济持续增长和创新发展的重要推动力量。本书通过证实城市污染治理带来的"治污引智"效应，为地方政府的污染治理政策提供一种内生的激励机制。目前煤改电等蓝天保卫战工程广受热议，本书为蓝天保卫战等污染治理工程的深入推进提供新的理论支撑，也更有助于我们理解当前实施的严格环保督查政策。

（5）本书通过引入劳动力的异质性，探讨空气污染对不同年龄、不同受教育程度的劳动力的区位选择的差异化影响，进而对当前各大城市的人才新政能否吸引到与产业结构精准匹配的劳动力、能否达到"人尽其才、物尽其用"作出一定的判断。此外，本书通过考察空气污染对劳动力个体区位选择的作用机制，进而为当前愈演愈烈的人才争夺战提供了新的人才引进思路。

本书的边际贡献主要体现在以下三个方面：

（1）内容方面。与已有文献关注劳动力"是否流动"不同，本书将劳动力流动的研究分为劳动力是否选择跨区域流动，以及流动型劳动力在全国众多可供选择的城市（区位）中，选择流向哪一个城市。本书不仅研究空气污染对劳动力是否流动的影响，还聚焦于劳动力"流向何方"这一核心问题，这是对劳动力流动相关文献的一个极大补充。以"是否流动""流向何方"为切入点，证实了空气污染治理对劳动力的城市选择有着重要的影响，因而可视作一种间接的人力资本投资。

（2）理论方面。从空气污染角度研究劳动力的区位选择属于一个新兴的研究领域。本领域的既有文献非常稀少，现有文献均未围绕空气污染影响劳动力流动这一问题建立严格意义上的理论模型。本书的理论研究工作在一定程度上补充了本领域的薄弱之处。本书首次在新经济地理学框架下研究空气污染对同质性劳动力和异质性劳动力流动的影响，克服了传统劳动经济学研究范式无法考虑空间因素的不足，丰富了劳动力区位选择的理论体系。

（3）实证方面。较好地解决了内生性和中介机制检验问题。首先，空气污染的内生性是一个绕不开的问题。由于条件 Logit 模型不能处理内生性问题，本书结合气象学知识，以大气层的逆温层（inversion layers）个数作为工具变量，使用随机系数 Logit（简称为 BLP 模型，Berry 等，1995）解决了这个技术难题。其次，较好地解决了条件 Logit 模型的中介机制检验问题。Sobel（1982）的中介效应检验法在条件 Logit 模型中失效，本书采用 Breen 等（2013）提出的 KHB 方法对污染感知的中介效应进行了验证。此外，本书基于迁移年份将空气污染数据与微观个体数据进行更精确的匹配，解决了现有研究中使用宏观加总数据而无法反映个体劳动力流动特征的问题(肖挺,2016;Chen 等,2017),以及城市特征变量取多年度均值而导致的估计结果偏误问题(张海峰等,2019),从而保证了估计结果的严谨性。

全书共有八章,分为五个部分。第一部分是导论和文献综述,对应第一章和第二章。第二部分是理论模型,对应第三章,该部分在劳动力同质的情况下,将污染的负外部性导入新经济地理学中的自由企业家模型,运用 Matlab 软件进行数值模拟,推出空气污染和劳动力迁移决策的关系。进一步地,拓展到劳动力异质性的情况。第三部分和第四部分是实证研究。第三部分对应第四章和第五章,该部分从微观层面和宏观层面实证考察了空气污染对劳动力是否流动的影响。第四部分对应第六章和第七章,该部分实证考察了空气污染对劳动力流向的影响及其作用机制。第五部分是结论和政策启示。其中,第二部分、第三部分和第四部分构成了本书的研究主体,其具体研究内容和相关结论可归纳为如下五个方面:

首先,第三章在传统的 NEG 模型的基础上做出两种改进。一是加入污染的外部性,建立一个包含污染的自由企业家模型,二是将劳动力分为高技能和低技能两种,即将自由企业家模型拓展到劳动力异质性的情况,进而讨论同等程度的污染对高、低技能劳动力的异质性影响。我们对改进后的数理模型进行了均衡分析,借助 Matlab 软件,进行了系列数值模拟,得到五个重要的理论假说。具体而言:①总体而言,一个区域的空气污染降低了该地区对劳动力的吸引力。②随着对外开放度的提高,劳动力选择离开家乡的倾向随之下降。③区际交通便利性越高的区域,空气污染对劳动力流入的阻碍作用越强。④随着空气污染程度的加重,空气污染和劳动力区位选择之间存在"倒 U 形"关系。⑤相对于高技能劳动力,低技能劳动力对空气污染的反应更敏感。

其次,第四章利用 CLDS 微观数据,设置劳动力是否离开家乡为二元变量(离开/流动=1,不离开/不流动=0),并根据劳动力是否跨省流动设置有序分类变量(跨省流动=2,省内流动=1,不流动=0),以家乡(14 岁时的居住地)到区域中心大城市的最短距离、到全国经济中心城市的最短距离作为对外开放度的局部衡量指标和全局衡量指标,先后建立二值选择模型和排序模型,验证了家乡的空气污染对劳动力离开家乡的正向推动作用(假说 1),以及对外开放度的提高对劳动力离开家乡的负向抑制作用(假说 2)。主要结论有:①一个地区的空气污染不利于该地区留住人才。②从局部角度来看，到区域中心大城市的最短距离越长，越有利于劳动力跨县市流动；从全局角度来看，到全国经济中心城市的最短距离越长，劳动力越倾向于离开家乡。③相对于不使用互联网的劳动力，使用互联网的劳动力更倾向于跨县市流动，离开家乡的可能性更高。相对于使用互联网的家庭，不使用互联网的家庭对家乡空气污染的反应更敏感。

再次，第五章在第四章的基础上，用城市层面的劳动力净流出数据衡量劳动力的总体流动情况，基于宏观数据，进一步探讨城市的劳动力净流出是否受到城市空气污染的影响。第五章基于面板双向固定效应模型和空间面板模型的实证结果发现：①一个城市的空气污染是导致劳动力净流出的显著性因素；②尽管北方的冬季集中供暖可能导致了"供暖式雾霾"，但集中供暖并未显著作用于空气污染对劳动力净流出的正向影响。

进一步地，第六章将 2012 年、2014 年和 2016 年 CLDS 个体微观数据与空气污染等城市特征数据进行精确匹配，得到实际样本容量为 5262×153 的长数据集，在此基础上进行实证检验，从而为理论假说提供了严格的证据支持。主要结论可以概括为：①一个城市的空气污染总体上降低了劳动力流入的可能性，随着空气质量的持续下滑，空气污染对劳动力区位选择产生先吸引后抑制的"倒 U 形"影响。②考虑空气污染的内生性问题后，空气污染和劳动力的区位选择仍然存在显著的"倒 U 形"关系，拐点为 2.96。这意味着，当空气污染低于 $19.30\mu g/m^3$（$e^{2.96}$）时，空气污染对劳动力流入表现为拉力，当空气污染高于 $19.30\mu g/m^3$ 时，空气污染对劳动力流入表现为推力。③考虑空气污染的空间相关性后，空气污染对劳动力流入的阻碍效应仍然显著。

最后，第七章结合高铁建设、教育等影响中国劳动力流动的具体国情因素，进一步地展开机制分析，以期得到更丰富的结论。主要包括两个方面：一是调节机制，分别从城市特征与个体特征两个维度展开，二是中介机制，主要以污染感知为中介变量进行检验。研究结果发现：①提高某一城市到中心城市的交通便利性不仅不能减弱空气污染导致的人才流失，相反，还将加剧空气污染对劳动力流入的阻力。②空气污染对低技能劳动力流入的抑制作用大于高技能劳动力。基于此，长期的空气污染治理不力将导致越来越多的低技能劳动力流出，最终可能引发城市劳动力的结构性失衡。③劳动力对空气污染的主观感知是客观空气质量影响其区位选择的重要途径，因此，公众对空气污染的主观感知问题需要引起高度重视。

综合全书的研究结论，提出如下四个方面的政策建议：

第一，理顺空气污染治理与城市劳动力资源集聚之间的理论内涵，可以为地方政府的污染防治提供内生性的驱动力。近十年来，中国政府在空气污染防治领域取得了非常大的成就，打赢蓝天保卫战已成为国家生态环境治理的重要政策目标。但是，在属地化环境管理体制下，地方政府是空气污染治理的责任主体，约谈什么就治理什么、督察什么就响应什么等被动式治理现象屡见不鲜。这反映出，依靠中央政府行政力量推动地方空气污染治理在短期内可能有效，在长期却存在着先天性不足。因此，如何提升地方政府治理污染的内在动力是一个现实问题。本书的研究表明，一个城市的污染防治工作可以弱化空气污染对劳动力流入的阻力，当治理达到足够的水平时，空气质量改善将有助于达成"治污引智"的目标，即卓有成效的污染治理实际上也是人力资本的一种间接投资，这就从人才引进的角度为污染防治工作提供了根本性驱动力，也为地方政府在污染治理和经济高质量发展、行政力量推动与市场机制激励之间找到合适的平衡点，并为习总书记"绿水青山就是金山银山"的战略思想作出了一种新的解读。

第二，污染治理对维持合理的人才结构有着重要意义。主流劳动经济学认为，一个城市的高、低技能劳动力必须是"互补"的，合理的人才结构是劳动力市场有效运作的必备条件。因此，在经济高质量发展过程中，高技能的人才固然不可或缺，低技能的人才同样重要。本书的研究发现，当污染程度超过低技能劳动力可以忍受的拐点后，越来越多的低技能劳动力会迅速"逃离"，从而导致该城市的劳动力市场陷入结构失衡的困境。空气污染治理作为一种公共品，不仅是政府吸引或留住人力资本的一种投资，也是维系城市内部高、低技能劳动力合理结构的必然要求。污染治理还有利于提高人力资本和区域集聚程度，激发持续的正外部效应，吸引更多的高技能人才流入。基于此，空气质量的改善对劳动力市场至少会带来两个方面的红利：一是形成健全的人才结构，有利于劳动力市场三大机制（学习、分享和匹配，Duranton and Puga, 2004）的正常运作，避免产业生产活动出现"用工荒"；二是获得健康的人力资本，降低人们因污染的负外部性而付出的健康成本，提高流入劳动力的寿命预期，① 为经济高质量发展储备有效人力资本。

第三，非中心城市更需要通过空气污染治理来吸引人才的流入。随着高铁线路的不断扩张，区际交通时间随之缩短，劳动力在城市间流动所需的时间空前压缩。本书的研究结果表明，对于一些不具有虹吸效应的非中心城市而言，交通时间的缩短不但无助于留住人才，反而在空气污染和交通便利性的负向交互影响下，还将流失更多的人才。因此，交通便利性的提高愈发凸显了非中心城市空气污染治理的紧迫性和必要性。空气污染治理不仅仅是中心城市的当务之急，更是周边中小城市吸引劳动力、维持人才资源优势的一大法宝。

最后，提升信息透明度、改善公众主观感知是空气污染治理工作的重要环节。劳动力的区位选择不仅受到流入地客观空气质量的影响，还与主观感知到的污染水平有相当大的关系。政府部门在改善客观空气质量的同时，尤其要注重公众对污染治理工作的主观评价。显然，如果空气质量改善但公众的污染感知结果没有改变的话，那么政府污染治理的人才红利将大打折扣。因此，为了更好地捕获流动人才红利，政府部门需要采取系列配套措施来改变公众的主观污染感知，例如，综合利用电视、报纸、网络、移动互联网、自媒体等多种媒体渠道，如实、及时、公开地披露空气污染治理规划、措施及成效等信息，有的放矢地做好公关和宣传工作，全方位提升城市的宜居文明形象。

---

① 芝加哥大学能源政策研究所(EPIC)的一项新研究发现，空气污染导致全球平均寿命缩短近 2 年。参见《最新报告显示：空气污染导致寿命缩减，全球平均寿命已缩短 1.8 年》，http://dy.163.com/v2/article/detail/E12P42M90530UC9E.html。

目　　录

第一章　导　　论

第一节　问题的提出

一、研究背景

1. 劳动力流动

自 2010 年以来，中国流动人口一直维持在 2 亿以上，国家统计局 2022 年 10 月的数据显示，目前中国流动人口高达 3.8 亿。大规模的人口流动是中国目前及未来较长时间内的一个重要人口特征。劳动力跨区域流动对经济增长的贡献已被大量国内外文献证实(Tombe 和 Zhu，2015；伍山林，2016；蔡昉，2017)。劳动力流动被视作个体为了寻求更高水平人力资本积累和劳动回报而在有限决策空间内作出的理性选择。哪些因素影响劳动力的流动决策？该问题受到学术界的广泛关注。梳理现有文献可知，户籍政策(都阳等，2014；梁琦、陈强远和王如玉，2013)、工资报酬(杨振宇和张程，2017)、社会保障(夏怡然和陆铭，2015)、住房价格(张莉、何晶和马润泓，2017)和城市公共服务(杨晓军，2017)是影响劳动力流动的重要因素。

人力资本的积累及人力资本的回报率提高，是推动现代经济增长的引擎(陆铭，2017)。中共十九大报告指出，人才是实现民族振兴、赢得国际竞争主动的战略资源；在深化供给侧结构性改革、激发各类市场主体活力、实现高质量发展方面，人才无疑是城市发展最关键，也是最急缺的要素。党的二十大报告进一步指出，必须坚持科技是第一生产力、人才是第一资源、创新是第一动力，深入实施科教兴国战略、人才强国战略、创新驱动发展战略，开辟发展新领域新赛道，不断塑造发展新动能新优势。现阶段，人才的重要性越发凸显出来，新一线城市全员加入"抢人大战"。据媒体不完全统计，2017—2018年西安、天津、上海等共计100多个城市先后出台人才新政，2018年几乎可称为我国"人才大战元年"并达到此轮争夺战高潮；截至2019年12月，2019年全国发布相关人才新政的城市已超过160个，其中近40城发布人才购房新政。纵观各大城市的人才政策，主要集中在户籍、工资报酬、子女上学、社会保障、住房、补贴等方面。

如火如荼的人才争夺战能否有效助推劳动力要素的空间配置优化？尽管关于如何增加城市的人才吸引力的研究较为丰富，但现有文献基本是围绕经济、制度、文化、就业机会、就业前景等展开的。随着工业经济的持续发展和转型，新时代背景下是否出现了新的因素影响劳动力流动？而且劳动力的空间配置是由成万上亿个劳动力的区位选择来共同实现的，既有研究多运用地区加总数据研究劳动力流动，因此，聚焦于劳动力微观个体的相关研究迫在眉睫。

2. 空气污染

与此同时，随着社会的进步和生活条件的不断改善，以及"80后""90后"新生代群体成为流动人口的主力军，民众对生活质量的要求越来越高，城市的良好自然环境对人口的吸引力作用开始显现(肖挺，2016)。习近平总书记提出"绿水青山就是金山银山"的理念，各级党和政府把环境治理工作提升到前所未有的高度。良好的空气质量是生活品质提升的重要组成部分，空气质量恶化对人类健康和经济发展造成诸多负面影响（Chen et al.，2017）。环境政策带来的失业问题一直是环境经济学和劳动经济学的交叉学科研究争论的焦点问题（Ferris et al.，2014；Hafstead and Williams，2018），这些研究往往忽略了劳动力的用脚投票机制(Tiebout，1956)，鲜有研究关注空气污染对劳动力供给的影响。

长期污染暴露不仅影响心血管系统健康及呼吸系统健康（Barreca et al.，2017），还导致人们主观幸福感下降（杨继东和章逸然，2014；Zhang et al.，

2017）。美国耶鲁大学 2022 年全球环境绩效指数 EPI（Environmental Performance Index）显示，中国的空气质量在 180 个国家的榜单中位列第 160 位。空气污染降低了劳动生产力（Zivin and Neidell，2012），雾霾天气频发通过影响城镇化和人力资本进而降低了中国经济的发展质量（陈诗一和陈登科，2018）。Ebenstein 等（2017）认为，中国冬季的集中供暖政策造成北方的 PM10 浓度比南方高出 46%，进而造成北方地区居民的预期寿命下降了 3.1 年，进一步的研究发现，如果中国所有地区符合 $40\mu g/m^3$ 的一级 PM10 的标准，将使中国当前人口的总寿命增长 37 亿年。

此外，越来越多的证据表明，个人投入大量的资源来保护自己免受空气污染伤害（Zhang et al.，2017；Cherrie et al.，2018），这些防御性支出代表了除直接死亡率和发病率之外空气污染的非常真实的代价（Chay and Greenstone，2005）。人们对空气污染带来的健康威胁越来越敏感。随之而来的是，对雾霾的忍耐正在逐渐消失，特别是中产阶级。"雾霾移民""环境移民""逃离雾霾"等词汇甚至登上了诸多社交平台的热搜榜，空气污染成为一个备受关注的社会问题，空气质量的改善可谓民之所望、政之所向。

二、研究问题

值得我们思考的是，其他条件相同时，空气污染影响劳动力流动吗？需要说明的是，对于单个劳动力个体，其流动行为可细分为两个步骤。第一步是，劳动力是否流动，或劳动力是否离开家乡，离开家乡的劳动力则成为流动型劳动力。第二步是，对于已经决定离开家乡的劳动力，劳动力在全国众多可供选择的城市（区位）中，选择流向哪一个城市？因此，关于空气污染对劳动力流动的影响研究，本书分解为两个问题：①空气污染影响劳动力的流动决策吗？②劳动力是否为了逃避空气污染而选择流向空气质量较好的城市，即空气污染影响劳动力的区位选择（流向）吗？

为了回答这两个问题，本书从理论和实证两个方面展开了较为充分的研究。进一步地，空气污染如何影响劳动力流动？即空气污染对劳动力流动的作用机制，这是本书回答的第三个问题。

第二节　研究内容与研究意义

一、研究内容

本书遵循理论-实证的技术路径，致力于研究空气污染对劳动力流动的影响及其作用机制。传统劳动经济学领域研究劳动力区位选择理论的文献几乎都是在 Roy（1951）提出的自选择（Self-selection）模型的基础上进行改进和拓展，其典型缺点是忽略了不同区位的空间异质性，将新经济地理学模型引入劳动经济学的研究则可以弥补这一缺点，新经济地理学的发展为劳动力区位选择的理论建模研究打开了一个新的局面（梁琦等，2018）。本书试图将空气污染和劳动力区位选择放在统一框架下展开系统性研究，主要进行如下工作：①理论方面，在劳动力同质的情况下，将污染的负外部性导入新经济地理学中的自由企业家模型（Footloose Entrepreneur Model），运用 Matlab 软件进行数值模拟，推出空气污染和劳动力迁移决策的关系。进一步地，拓展到劳动力异质性的情况。参照罗勇等（2013）、Han 和 Li（2017）的做法，将劳动力分为高技能劳动力和低技能劳动力，建立一个包含污染部门的异质性劳动力转移模型，并基于数值模拟结果推出空气污染对异质性劳动力迁移的作用方向。②实证方面，就第一个研究问题，即空气污染对劳动力是否流动的影响，展开了相应的微观数据的回归分析和宏观数据的回归分析。③实证方面，就第二个研究问题，即空气污染对劳动力区位选择影响，本书运用条件 Logit 模型进行了大量的实证检验、稳健性检验，并克服了空气污染的内生性问题和空间扩散性问题。④实证方面，就第三个研究问题，即空气污染对劳动力的作用机制，本书探讨了区际交通便利性与空气污染的调节效应、个体异质性与空气污染的调节效应，以及污染感知的中介效应。

全书共有八章，可分为五个部分，第一部分是导论和文献综述，第二部分是理论模型，第三部分和第四部分是实证研究，第五部分是结论和政策启示。具体而言：

1. 第一部分

本部分共有两章，即第一章和第二章，第一章安排了四节内容，第一节是问题的提出，第二节是研究内容与研究意义，第三节是研究方法与本书的贡献，最后是本章的参考文献。

第二章是文献综述，安排了五节内容，包括最密切相关的研究、空气污染的相关研究、劳动力流动的相关研究、其他相关研究和本章的参考文献。

2. 第二部分

本部分为理论研究，详见第三章。第三章选取 NEG 诸多模型中的自由企业家模型，试图将空气污染和劳动力流动放在新经济地理学（NEG）模型的框架下展开系统性研究。第三章安排了五节内容，第一节阐述了纳入空气污染的 NEG 模型，第二节对第一节构建的模型进行短期均衡分析和长期均衡分析，并运用 Matlab 软件进行了数值模拟，第三节考虑了劳动力异质性的情况，并进行了相应的数值模拟，第四节是本章小节，最后是本章参考文献的汇总。

3. 第三部分

本部分为实证研究，共有两章，即第四章和第五章。本部分从微观和宏观两个层面来考察空气污染对劳动力是否流动的影响，主要回答了第一个问题。具体而言：

第四章安排了四节内容，第一节是实证模型设定与数据来源，第二节报告了劳动力个体离乡的实证结果，包括基准分析、稳健性检验和考虑空气污染和互联网使用的交互效应后的结果，第三节是本章小节，最后是本章的参考文献。第三节的具体工作包括：①利用劳动力动态调查（CLDS）的微观数据，并将空气污染等城市层面数据和 CLDS 数据进行匹配，得到一个包含个体信息和城市特征变量信息的数据库。②先后建立 Probit 模型、Logit 模型、有序 Probit 模型、有序 Logit 模型，从进行实证分析。③考虑了互联网的普及对劳动力是否流动的影响，以及空气污染对互联网使用的交互效应。

第五章用城市的劳动力净流出来衡量宏观层面的劳动力流动，先后建立面板双向固定效应模型和空间面板模型展开实证研究，共安排了四节内容。第一节为实证模型设定与数据来源，第二节为空气污染对劳动力净流出影响的实证结果，第三节为本章小节，最后是本章参考文献。

4. 第四部分

本部分为实证研究，共有两章，即第六章和第七章。第六章回答了第二个问题，第七章回答了第三个问题。

第六章针对已经离开家乡的流动劳动力群体，重点考察流入地城市的空气污染对劳动力流入的影响。具体结构安排如下：第一节是实证模型设定与数据说明，第二节报告了空气污染对劳动力流向的影响的实证结果，包括基准回归和各类稳健性检验，第三节是克服了空气污染内生性和空气污染的空间扩散性后的回归结果，第四节是计数模型的估计结果，第五节是本章小节，最后是本章参考文献。

第七章结合高铁建设、教育等影响中国劳动力流动的具体国情因素，进一步地展开机制分析，主要包括调节机制和中介机制，其结构安排如下：第一节是实证模型设定与数据说明，第二节报告了空气污染对劳动力流向的调节机制，第三节报告了空气污染对劳动力流向的中介机制，第四节是本章小节，最后是本章参考文献和附录。

5. 第五部分

本部分安排了一章内容，即第八章。设置本部分主要是为了统领全书要点和便于未来的前瞻性研究。第八章总结全书的关键性结论、提出政策建议，并指出未来的发展方向。

二、研究意义

本书的研究具有一定的理论意义和应用价值，这主要体现在以下五个方面。

(1)将空气污染引入同质性劳动力和异质性劳动力区位选择的分析框架中，拓宽了空气污染的研究范围，也丰富了劳动力区位选择理论，为两者的交叉研究开辟了一个新的视角。

（2）利用新经济地理学模型来研究空气污染和劳动力区位选择的关系，拓展了新经济地理学在环境经济学和劳动经济学相关研究上的应用广度和深度，为新经济地理学、环境经济学和劳动经济学在学科交叉领域的融合及拓展性研究提供新的指引，为经济社会发展提供更加科学的指导和决策依据。

（3）在过去的十余年中，政府对空气污染问题高度重视并持续出台了相关政策，并在党的十九大报告中，将污染防治列为新一届政府的三大攻坚战之一。然而，地方政府的空气污染治理主要依靠中央政府强行推动或外部力量刺激（石庆玲等，2016，2017；谌仁俊等，2019），如环保部自2014年起开始实施的环保约谈、2015年建立的环保督察工作机制、重大官方活动对局部地区空气质量的改善（如"APEC蓝"）等。这类命令-控制型环境保护政策在短期内可能有效（涂正革等，2015；石庆玲等，2017），但长期来看，如何应对污染治理过程中频频出现的"政府失灵"问题是一个巨大挑战。本书基于空气污染引致劳动力空间再配置这一新视角，试图为当前行政力量主导的污染治理政策寻求内生性的驱动力。我们的逻辑非常直观：劳动力为了健康会"逃离"空气污染严重的城市而选择空气质量较好的城市，那么，空气污染治理可以视作城市对人力资本的一种间接投资。

（4）一个城市的空气污染治理表面上耗费了"财力"，在短期可能因为产业结构调整、经济增速放缓等引发失业问题，但从长期来看却由于空气质量改善间接地增加了该城市对人才的"吸引力"，而人才的汇聚是经济持续增长和创新发展的重要推动力量。本书通过证实城市污染治理带来的"治污引智"效应，从而为地方政府的污染治理政策提供一种内生的激励机制。目前煤改电等蓝天保卫战工程广受热议，本书为蓝天保卫战等污染治理工程的深入推进提供新的理论支撑，也更有助于我们理解当前实施的严格环保督查政策。

（5）本书通过引入劳动力的异质性，探讨空气污染对不同年龄、不同受教育程度的劳动力的区位选择的差异化影响，进而对当前各大城市的人才新政能否吸引到与产业结构精准匹配的劳动力、能否达到"人尽其才、物尽其用"作出一定的判断。此外，本书通过考察空气污染对劳动力个体区位选择的作用机制，进而为当前愈演愈烈的人才争夺战提供了新的人才引进思路。

第三节　研究方法与贡献

一、研究方法

1. 文献研究法

大量阅读国内外环境经济学、劳动经济学和新经济地理学的前沿文献和经典著作，通过 Google、百度文库等搜索下载最新的工作论文。梳理现有文献的同时，反复思考本书的研究内容和待解决的问题，从而找到现有文献的可借鉴之处并为本书解决关键科学问题提供了思路。具体而言：①理论建模。虽然基于新经济地理学模型的文献尚未研究污染与劳动力区位选择的关系，但有不少文献在传统模型的两部门基础上，加入一个新的部门进而构造三部门经济，例如加入房屋部门(安虎森等，2011)、金融部门(张辉等，2016)、政府部门(何文和安虎森，2013；叶金珍和安虎森，2017)等。这启迪我们将传统模型中的工业部门分为工业清洁部门和污染部门。②微观数据。在众多的微观数据中，同时包含流出地和流入地信息的数据来源有二。一是中国劳动力动态调查(简称 CLDS)的 2012 年、2014 年和 2016 年的个人问卷，CLDS 的调查对象是 15~64 岁的劳动力，该调查详细记录了劳动力的跨县市流动经历，包括流出地和流入地的地理位置信息。二是 2005 年 1%人口抽样调查数据。这 2 套数据包含所需的地理信息。本书以中国劳动力动态调查数据为主，以人口抽样调查数据为辅，主要是考虑到中国劳动力动态调查数据不仅包含了劳动力流动的动态追踪信息，还包含了劳动力的健康状况、受教育水平等个人信息，便于开展机制分析。③城市层面的关键数据获取。由于中国环保局自 2012 年起才公布部分城市的空气污染数据，无法满足本书的数据要求。现有文献为本书获取地级市层面的空气质量数据提供了 2 种可行的方法。一是通过哥伦比亚大学社会经济数据和应用中心网站获取地表 PM2.5 浓度的卫星遥感数据。二是 Ma 等(2016)将卫星以及地面监测数据同时纳入两阶段空间统计学模型，经测算得到经纬度栅格数据，基于该栅格数据提取 PM2.5 浓度数据。同时，根据气象学知识，逆温层个数以及空气流动强度和空气质量紧密相关，这构成了空气污染工具变量的理论基础。根据美国航空航天局（NASA）网站提供的对流层气温数据，可计算出逆温层个数。此外，参考丁如曦和倪鹏飞（2017）的做法，本书从局部和全局两个角度来刻画区际交通距离，局部区际交通距离用到省内经济中心城市的最短交通时间表示，定义北京、上海、广州、深圳为全国经济中心城市，全局区际交通距离用各大城市到全国经济中心城市的最短交通时间来衡量。

2. 卫星遥感数据的提取技术

由于 Stata 软件无法直接处理卫星数据，本书拟基于国家基础地理信息系统提供的 1∶400 万地图（地级城市驻地 shp 格式矢量图），运用 Arcgis 软件，从卫星遥感影像和栅格气象数据提取各大城市的空气污染和对流层气温数据。

3. 数值模拟法

大多数新经济地理学模型借助数值模拟来解决无显性解的情况。因此，我们拟运用 Matlab 软件进行数据模拟，找出长期均衡时变量间的关系。具体操作详见第三章。

4. 计量分析技术

计量分析的基准模型是条件 Logit 模型，而条件 Logit 模型不能处理内生性问题，本书拟参考 Berry 等（1995）提出的随机系数 Logit 模型的方法来解决这一问题，详见第六章。而且，条件 Logit 模型也不能直接识别空间分类效应，这需要我们采用新的计量技术，如两阶段估计法（Combes et al.，2008）等。机制检验主要通过建立中介效应模型来实现，根据该模型的回归系数进行中介效应检验。传统的中介效应检验仅能用于线性回归模型的 OLS 估计，而本书的因变量是离散型的，这要求我们寻求适用于离散型因变量的中介效应检验方法。本书拟将 $Z_{mediation}$ 统计量和 KHB 方法用于中介效应检验，详见第七章。

二、本书的边际贡献

本书主要回答了三个问题：空气污染影响劳动力的流动决策吗？空气污染影

响劳动力的区位选择(流向)吗? 空气污染如何影响劳动力流动? 其边际贡献主要体现在:

(1)内容方面。与已有文献关注劳动力"是否流动"不同,本书将劳动力流动的研究分为劳动力是否选择跨区域流动,以及流动型劳动力在全国众多可供选择的城市(区位)中,选择流向哪一个城市? 本书不仅研究空气污染对劳动力是否流动的影响,还聚焦于劳动力"流向何方"这一核心问题,这是对劳动力流动相关文献的一个极大补充。以"是否流动""流向何方"为切入点,证实了空气污染治理对劳动力的城市选择有着重要的影响,因而可视作一种间接的人力资本投资。

(2)理论方面。从空气污染角度研究劳动力的区位选择属于一个新兴的研究领域。本领域的既有文献非常稀少,现有文献均未围绕空气污染影响劳动力流动这一问题建立严格意义上的理论模型。本书的理论研究工作在一定程度上补充了本领域的薄弱之处。本书首次在新经济地理学框架下研究空气污染对同质性劳动力和异质性劳动力流动的影响,克服了传统劳动经济学研究范式无法考虑空间因素的不足,丰富了劳动力区位选择的理论体系。

(3)实证方面。较好地解决了内生性和中介机制检验问题。首先,空气污染的内生性是一个绕不开的问题。由于条件 Logit 模型不能处理内生性问题,本书结合气象学知识,以大气层的逆温层(inversion layers)个数作为工具变量,使用随机系数 Logit(简称为 BLP 模型,Berry 等,1995)解决了这个技术难题。其次,较好地解决了条件 Logit 模型的中介机制检验问题。Sobel(1982)的中介效应检验法在条件 Logit 模型中失效,本书采用 Breen 等(2013)提出的 KHB 方法对污染感知的中介效应进行了验证。此外,本书基于迁移年份将空气污染数据与微观个体数据进行更精确的匹配,解决了现有研究中使用宏观加总数据而无法反映个体劳动力流动特征的问题(肖挺,2016;Chen 等,2017),以及城市特征变量取多年度均值而导致的估计结果偏误问题(张海峰等,2019),从而保证了估计结果的严谨性。

(4)政策启示。本书的研究发现:空气污染对劳动力区位选择的总效应为负,随着空气污染加重,空气污染对劳动力流动产生先吸引后抑制的"倒 U 形"影响;高技能劳动力对空气污染的容忍度要高于低技能劳动力;非中心城市的交通便利性改善不仅无法减弱空气污染对劳动力流入的阻力，而且有可能产生"虹吸叠加效应"；民众的污染感知发挥了显著的中介效应。基于这些丰富的研究结论，本书提炼出了更具针对性的政策启示。

◎ 本章参考文献

[1] 陈诗一，陈登科. 雾霾污染、政府治理与经济高质量发展[J]. 经济研究，2018(2).

[2] 刘毓芸，徐现祥，肖泽凯. 劳动力跨方言流动的倒 U 形模式[J]. 经济研究，2015(10)：134-146.

[3] 陆铭. 城市、区域和国家发展——空间政治经济学的现在与未来[J]. 经济学（季刊），2017(4).

[4] 罗勇，王亚，范祚军. 异质型人力资本、地区专业化与收入差距——基于新经济地理学视角[J]. 中国工业经济，2013(2)：31-43.

[5] 石庆玲，郭峰，陈诗一. 雾霾治理中的"政治性蓝天"——来自中国地方"两会"的证据[J]. 中国工业经济，2016(5)：40-56.

[6] 王丽艳，马光荣. 帆随风动、人随财走？——财政转移支付对人口流动的影响[J]. 金融研究，2017(10)：18-34.

[7] 夏怡然，陆铭. 城市间的"孟母三迁"——公共服务影响劳动力流向的经验研究[J]. 管理世界，2015(10)：78-90.

[8] 肖挺. 环境质量是劳动人口流动的主导因素吗？——"逃离北上广"现象的一种解读[J]. 经济评论，2016(2)：3-17.

[9] 叶金珍，安虎森. 腐败、转移支付与区域经济差距 ——基于异质性新经济地理学模型的分析[J]. 西南民族大学学报（人文社科版），2017，38(12)：126-135.

[10] 叶金珍，安虎森. 开征环保税能有效治理空气污染吗[J]. 中国工业经济，2017(5)：54-74.

[11] Arceo E, Hanna R, Oliva P. Does the Effect of Pollution on Infant Mortality Differ Between Developing and Developed Countries? Evidence from Mexico City[J]. Economic Journal, 2016, 126(591).

［12］Bayer P，Mcmillan R，Rueben K. An Equilibrium Model of Sorting in an Urban Housing Market: The Causes and Consequences of Residential Segregation［J］. Social Science Electronic Publishing，2005，860(1): 75-76.

［13］Bayer P，Mcmillan R，Rueben K. The Causes and Consequences of Residential Segregation: An Equilibrium Analysis of Neighborhood Sorting［R］. Working Paper，2004.

［14］Behrens A，Pech O，Graupe F，et al. Barrett's Adenocarcinoma of the Esophagus: Better Outcomes Through New Methods of Diagnosis and Treatment［J］. Deutsches Arzteblatt International，2011，108(18): 313-319.

［15］Berliant M，Fujita M. Knowledge Creation as a Square Dance on the Hilbert Cube［J］. International Economic Review，2010，49(4): 1251-1295.

［16］Braga M. Dreaming Another Life. The Role of Foreign Media in Migration Decisions. Evidence from Albania［R］. mimeo，2007.

［17］Chen Y，Ebenstein A，Greenstone M，et al. Evidence on the Impact of Sustained Exposure to Air Pollution on Life Expectancy from China's Huai River Policy［J］. Proceedings of the National Academy of Sciences of the United States of America，2013，110(32): 12936.

［18］Desmet K，Rossi-Hansberg E. On the Spatial Economic Impact of Global Warming ［J］. Journal of Urban Economics，2015，88: 16-37.

［19］Desmet K，Rossi-Hansberg E. Urban Accounting and Welfare［J］. American Economic Review，2013，103(6): 2296-2327.

［20］Han J，Li S. Internal Migration and External Benefit: The Impact of Labor Migration on the Wage Structure in Urban China［J］. China Economic Review，2017: S1043951X17301001.

［21］Kay S，Zhao B，Sui D. Can Social Media Clear the Air? A Case Study of the Air Pollution Problem in Chinese Cities［J］. Professional Geographer，2015，67(3): 351-363.

［22］Mcfadden D. Conditional Logit Analysis of Qualitative Choice Behavior［M］. Frontiers in Econometrics，1974: 105-142.

[23]Qin Y, Zhu H. Run away? Air Pollution and Emigration Interests in China[J]. Journal of Population Economics, 2018, 31(1): 1-32.

[24]Sager L. Estimating the Effect of Air Pollution on Road Safety Using Atmospheric Temperature Inversions[J]. Gri Working Papers, 2016.

[25] Schlenker W, Walker W R. Airports, Air Pollution, and Contemporaneous Health[J]. Review of Economic Studies, 2016, 83(2).

[26] Schwartz J. Air Pollution and Children's Health [J]. Pediatrics, 2015, 31 (2): 265.

[27] Shuai Chen, Paulina Oliva, Peng Zhang. Air Pollution and Mental Health: Evidence from China[R]. NBER Working Paper 24686, 2017.

[28]Tainio M, Nazelle A D, Gotschi T, et al. Can Air Pollution Negate the Health Benefits of Cycling and Walking[C]. International Conference on Transport and Health, 2016: S54.

[29]Venables A J. Productivity in Cities: Self-selection and Sorting[J]. Economics, 2010, 11(2): 241-251.

[30]Wang Z, Graaff T D, Nijkamp P. Cultural Diversity and Cultural Distance as Choice Determinants of Migration Destination [J]. Spatial Economic Analysis, 2015, 11(2): 1-25.

[31] Zivin J G, Neidell M. The Impact of Pollution on Worker Productivity [J]. American Economic Review, 2012, 102(7): 3652.

第二章　文　献　综　述

本书从理论和实证两个方面研究空气污染对劳动力流动的影响，而从实证方面来看，劳动力流动的研究可细分为两个步骤。第一步是，劳动力是否选择跨区域流动，即劳动力是否离开家乡，离开家乡的劳动力则成为流动型劳动力。第二步是，对于已经决定离开家乡的劳动力，劳动力在全国众多可供选择的城市(区位)中，选择流向哪一个城市？而未曾离开家乡的劳动力则无需面临区位选择问题。因此，和本书最为相关的文献分为三大支，一是劳动力流动影响因素的理论研究，二是空气污染是否影响劳动力的实证研究，三是空气污染是否影响劳动力流向的实证研究。

第一节　最密切相关的研究

一、劳动力流动的理论研究

中国古话说，"人往高处走"，对于单个劳动力来说，何处是高处？根据经济学理论，劳动力流动本质上是个人比较成本收益并追求更高效用的结果。按照Bagne(1969)的推拉理论，个体的效用函数主要由推力和拉力构成，流入地有利于改善生活条件的因素为拉力，而流出地不利的生活条件为推力，劳动力通过权衡这两股力量进行迁移决策。就单个城市而言，工资、失业率、房价等经济因素是吸引劳动力流入的最主要因素(Fair, 1972; Pissarides and McMaster, 1990; Borjas, 1987; Clark et al., 2007; 张莉等, 2017)。Lee(1966)认为，除了推力和拉力之外，以制度安排、距离远近、文化差异等为代表的中间障碍因素和个体因素也影响了劳动力的区位选择。在中国，中间障碍因素尤其表现为户籍制度（梁琦等，2013；刘军辉和张古，2016）。由于传统劳动经济学的实证传统，基于数理模型的文献极少（梁琦等，2018），而且劳动经济学长期以来忽视了空间因素带来的集聚效应（Combes et al.，2008）。随着新经济地理学的快速发展，利用新经济地理学的分析范式来研究劳动力的空间配置成为可能。另外，新经济地理学的先驱 Krugman（1991）称关于中心-外围模型（Core-peripheral Model）的工作为"New Economic Geography"（新经济地理学），而将后期出版的著作命名为 *The Spatial Economy：Cities，Regions and International Trade*（《新经济地理学：城市、区域与国际贸易》）。这里分别介绍新经济地理学分析范式下同质性和异质性劳动力流动的理论研究。

1. 劳动力同质的理论研究

由 Krugman（1991）提出的中心-外围模型开辟了新经济地理学的基本框架，Forslid 和 Ottaviano（2003）提出的自由企业家（Footloose Entrepreneur）模型（简称为 FE 模型）将人力资本的概念纳入中心-外围模型，进而拓展了新经济地理学在人力资本领域的应用范围。FE 模型具备中心-外围模型的基本特征，由于仅允许固定投入具备空间流动性，其解析能力较中心-外围模型有大幅提高，可操作性更强，因而为本书在新经济地理学范式下讨论劳动力流动提供了一个可行的理论框架。安虎森和周亚雄（2013）基于 FE 模型研究政府在生态补偿中的角色。近年来，基于现实数据的结构方程估计（Structural Estimation）越来越流行，例如 Desmet 和 Rossi-Hansberg（2013）认为一个城市的舒适度、效率和迁移摩擦通过影响劳动力流动进而影响该城市的人口规模，根据该观点建立了一个空间均衡模型，并进行结构方程估计，发现中国城市通过提高舒适度或提高效率或降低迁移摩擦均有利于福利水平提升，且福利改进程度远高于美国。进一步地，刘修岩和李松林（2017）在此基础上加入了房价，探讨房价与城市规模分布的关系。但是，这些文献关注的焦点落在城市规模分布，而不是劳动力区位选择的影响因素，因而可供本书借鉴的地方较少。由此可以看出，劳动力同质假设下几乎没有文献运用新经济地理学模型分析空气污染和劳动力流动的关系，运用新经济地理学模型进行拓展性研究的空间很大。

2. 劳动力异质的理论研究

得益于 Melitz(2003)的异质性企业理论，Baldwin 和 Okubo(2006)在空间经济学的统一框架下开创了异质性企业的区位选择理论，继而国内外涌现了一批新经济地理学范式下的异质性企业文献(Pennock, 2014；颜银根, 2014；叶金珍和安虎森, 2017)。异质性企业区位选择的空间分类一定程度引导着异质性劳动力的选择与分类(Combes et al. , 2012b)。

(1)三种效应。

异质性视角下驱使劳动力进行区位选择的动力分为三种，即选择效应、分类效应和集聚效应。首先，新经济地理学对选择效应存在两种解释，第一种解释以 Venables(2011)为代表，认为劳动力，尤其是高素质劳动力倾向于选择与自身技能相匹配的城市(主动选择)，劳动力质量高的城市因较高的生活成本使部分素质较低的劳动力转移(被动选择)。第二种解释以 Combes 等(2012)为代表，认为从经济密度较低的地区迁移到经济密度较高的地区为正向选择，反之为负向选择。其次，空间分类效应是城市根据不同劳动力技能和配对规则自发进行的劳动力空间配置，在高、低技能劳动力同时存在的情况下，空间分类效应保证了首位城市必定拥有最大份额的高技能劳动力，而不会出现次等规模城市的高技能劳动力份额超越首位城市的情况(Eeckhout et al. , 2014)。分类效应意味着大城市的平均劳动力技能水平较高，但相比于小城市，大城市的技能分布呈现厚尾特征(Behrens et al. , 2011, 2014)。最后，集聚效应表示共享、匹配和学习(Combes et al. , 2012)。总之，选择效应表示微观经济的行为主体对经济空间的选择，个体的区位选择行为形成了集体区位，而分类效应是对宏观整体而言，宏观整体就因为个体的选择效应而形成了经济区位的差异，集聚效应贯穿在选择与分类效应的整个形成过程中(梁琦等, 2018)。值得一提的是，选择效应和集聚效应的识别文献不断涌现(Combes et al. , 2010；Glaeser, 2014)，其中不少学者运用中国数据展开相关研究(张国峰和王永进, 2018；许明和李逸飞, 2018)。但是，识别分类效应的文献尚在起步阶段，这为本书展开进一步研究提供了一个可能的方向。

(2)异质性劳动力的建模策略。

国内文献利用纯新经济地理学模型研究劳动力异质性的文献较少，且这些文献基本上是在劳动力异质性假设下讨论区域经济差距问题(赵伟和李芬,2007;罗勇等,2013)或者房价、户籍与区域经济差距的关系(安虎森等,2011),因此,从新的视角进行拓展性研究是非常必要的。近年来,一些国外文献将劳动力的知识创新(Berliant and Fujita,2010)、消费者偏好(Lee,2010)、高低技能互补与搜寻匹配(Venables,2011)、知识溢出与互动学习等方面的异质性行为纳入模型,进而扩充和丰富了异质性劳动力的区位选择理论,并衍生出较为丰富的结论,但是这些模型操作起来相对复杂,且上述异质性行为也不是本书所关注的重点。为了提高模型的可操作性,本书主要借鉴常见的异质性劳动力的建模方法。考虑到技能(或者生产率)的差异,新经济地理学引入劳动力异质性的策略通常分为两类。一类假设劳动力的相对生产率分布是连续的,另一类则将劳动力分为高技能和低技能两种,后者的应用更为广泛,例如罗勇等(2013)引入有效人力资本的概念,以单位低技能劳动力提供的人力资本为单位有效人力资本的标准,令劳动力总量为 H_T,F_i、U_i 分别表示 i 地区高技能劳动力和低技能劳动力的份额,$\eta \in [0,1]$ 表示经济体的高技能劳动力总量占劳动力总量的比重,f_i 表示高技能劳动力集聚的外部效应,则有效人力资本的总量为 $H_i = [(1-\eta)U_i + \eta F_i(1+f_i)]H_T$。

由此可见,尽管没有与本书直接相关的理论研究,但我们可以借助上述文献的建模策略,在 FE 模型的基础上作出两种改进。一是加入污染的外部性,二是将劳动力分为高技能和低技能两种,进而讨论同等程度的污染对高、低技能劳动力的异质性影响。

二、空气污染与劳动力是否流动

研究劳动力流动影响因素的实证研究较多,例如,考察新型农村合作医疗保险与劳动力是否流动的关系(贾男和马俊龙,2015)、土地征收对劳动力流动的影响(柴国俊和王军辉,2017)、进口冲击对劳动力是否流动的差异性影响(魏浩和李晓庆,2017)。此外,还有一些文献关注方言文化和社会关系网络对劳动力是否离开家乡的影响(郭云南和姚洋,2013;潘静和陈广汉,2014;刘毓芸等,2015)。然而,这些文献大多数从经济制度着手,鲜有文献关注空气污染对劳动力是否流动的影响。

　　根据作者所掌握的文献，目前相关文献仅有 3 篇，且只有 2 篇文献研究劳动力的国内迁移，另外 1 篇讨论的是劳动力的跨国迁移。第一，肖挺（2016）基于 2004—2012 年中国各大城市的面板数据，实证分析了空气质量对各城市劳动人口流动所造成的影响，结果表明：污染排放的确会在一定程度上造成人口流失。但该研究采用各城市的劳动从业人口来衡量劳动力流出，因而严格意义来说，其结论不能理解为空气污染对劳动力净流出或净流入的影响。另外，该研究用各城市的 PM10、二氧化硫以及二氧化氮三种指标数据之和来表征空气污染水平，这种做法可能欠妥。第二，Chen 等（2017）基于 2000 年、2010 年的人口普查数据以及 2005 年 1% 人口抽样调查数据，构建一个县级层面的人口净流出面板数据，研究认为，空气污染是推动中国人口流动的显著性因素。上述两篇文献分别从城市层面和县级层面证明了空气污染与劳动力流动的负向关联，为本书顺利开展微观数据的实证研究奠定了一个良好的基础。但这 2 篇文献采用的均为地区层面的宏观数据，此时劳动力流动数据是成千上万劳动力区位选择行为的加总，因而默认所有的劳动力对空气污染的反应是相同的，忽略了劳动力的异质性行为，这显然背离了实际情况。第三，Qin 和 Zhu（2018）用网民在百度搜索引擎上对"移民"关键词的搜索趋势来衡量人们的国际移民意愿，将 2014 年 153 个城市的空气质量指数（AQI）的日数据与城市层面"移民"关键词的百度指数日数据相配，考察空气质量对国际移民意愿的影响，结果发现，AQI 指数每增加 100 个点，次日"移民"关键词的百度指数提高 2.3% ~ 4.7%。然而，该文献使用的是地级市层面数据，未能从微观角度分析空气污染对个体国际移民意愿的影响。此外，各城市的互联网普及程度不尽相同，单纯从"移民"的百度指数来定义移民意愿，则忽略了城市网民基数、城市之间互联网发展水平的差异。

三、空气污染与劳动力流向

　　从空气污染角度研究劳动力流向（区位选择）属于一个崭新的研究领域，由于第二个问题要解决劳动力在众多个备选的流入地中选择流向哪个流入地的问题，需要我们考虑到不同流入地的特征如何影响劳动力的决策，而二元或多元 Logit、Probit 模型虽可以加入流出地信息，但在技术上不允许加入流入地信息。幸运的是，Mcfadden（1974）提出的条件 Logit 模型可以解决这一技术难题，其基本思想是，当任意流动劳动力 m 选择流入的城市为 j 时，其间接效用函数为 V_{mj}，$\max V_{mij} = a_0 x_j + a_1 X_j + a_2 Z_{ij} + \varepsilon_{mij}(m = 1, 2, \cdots, M, i = 1, 2, \cdots, I, j = 1, 2, \cdots, J)$，其中，$M$ 表示流动劳动力总量，i 表示劳动力流动之前的居住城市，I 表示流出地城市总数，J 表示可供劳动力选择的城市总数，x_j 表示劳动力 m 在 J 个城市中选择的城市 j 的核心解释变量，X_j 是劳动力 m 在 J 个城市中选择的城市 j 的一组特征变量，Z_{ij} 是由流入地和流出地共同决定的变量。劳动力分别权衡这 J 个备选城市各自带来的效用大小，根据效用最大化条件 $\max V_{mij}$ 在这 J 个备选城市进行区位选择，并决定流向效用最大化的城市。

近些年来，一些学者借鉴条件 Logit 模型的思想进行微观数据的计量分析。根据作者掌握的文献，运用中国劳动力微观数据进行条件 Logit 回归的文献仅有 2 篇。一是夏怡然和陆铭（2015）利用 2005 年 1% 人口抽样调查微观数据的研究发现，劳动力选择流向某个城市，不仅为了获得该城市的就业机会和更高的工资，还为了享受该城市的医疗和基础教育等公共服务。二是张莉等（2017）基于中国劳动力动态调查数据考察房价对劳动力区位选择的影响，结果发现，房价对劳动力流向产生先吸引后抑制的倒 U 形影响。

第二节 空气污染的相关研究

尽管有少量文献运用宏观数据实证考察了空气污染对劳动力迁移率的影响，但空气污染对劳动力区位选择的作用机制研究无论是在理论上还是在实证上都处于空白状态，而且解决空气污染的内生性问题仍然存在一些困难。幸运的是，学术界对空气污染的讨论热度持续高涨。通过研读空气污染的前沿文献，我们试图从中寻求解决上述问题的思路。这里将代表性文献分为两大类，一是影响空气质量的因素与治理对策，二是空气污染造成的影响。

一、影响空气质量的因素与治理对策

研究环境政策的主流文献认为，尽管传统监测和执法引起了争议，严格监测和执法的监管结构依然是企业改善环境的首要驱动力（Greenstone and Hanna，2014；Shapiro and Walker，2015）。多数讨论污染治理对策的文献从空气质量的影响因素展开研究，而影响空气质量的因素颇多，这里将现有文献的研究视角归结为三大类。①制度环境。黄寿峰（2017）的研究发现，提高财政分权度将加剧当地及周边区域的扩散性污染物浓度。叶金珍和安虎森（2017）基于跨国数据的研究发现，工业上的大量化石燃料消耗是导致中国空气污染的主因。张磊等（2018）认为，外商直接投资整体上加重了东道国的空气污染。Almond 等（2009）基于中国 76 个城市的面板数据的断点回归结果表明，以秦岭-淮河为界的集中供暖政策导致中国北方空气质量恶化，陈强等（2017）、罗知和李浩然（2018）的结论再次证实了这一观点。②公共交通。曹静等（2014）认为，北京的限行政策对空气质量的改善作用不够明显。梁若冰和席鹏辉（2015）的研究认为，提升油价无助于提升空气质量。梁若冰和席鹏辉（2016）的研究发现，开通轨道交通具有显著的污染治理效应。王卉彤等（2018）认为，交通拥堵加剧了空气污染，而加大公共汽车的投入有助于减缓空气污染。③还有一些学者从政治角度解释空气质量的暂时性改善，石庆玲等（2016）认为，"两会"期间出现的"政治性蓝天"是以"两会"过后更严重的报复性污染为代价的。总体而言，二产畸高的产业结构、以煤为主的能源结构、人口的快速集聚及公路交通运输强度的提升共同促使空气污染加剧（邵帅等，2016）。同时，不可忽略的是，产业结构、能源结构和公共交通等也和劳动力流动密切相关，劳动力也可能通过区域间流动反过来影响空气质量，这启示我们应该充分考虑空气污染的内生性问题。

二、空气污染的影响

（1）空气污染的工具变量。

围绕空气污染的影响展开讨论的文献基本上避免不了空气污染的内生性问题。限于数据的可获得性，早期的文献难以较为科学地处理该问题。一些文献将空气污染数据的滞后项或者政府环境治理力度作为工具变量。近年来，卫星遥感数据的公开为经济学领域处理内生性问题带来便利，一些学者开始运用气象学知识寻找空气污染的工具变量，而且这一趋势越来越流行。具体而言：①大气逆温层个数。根据气象学知识，对流层中气温随高度增加而降低，但受到气候和地形条件的影响，有时会出现气温随高度增加而升高的现象，这种现象的层带称为逆温层（Thermal Inversion Layer）。逆温层通过阻碍空气的上升运动进而加剧空气污染(马克伟，1991；Jans et al.，2014)。随着卫星技术的不断发展，大气逆温层的测算成为可能，一些文献陆续采用逆温层作为空气污染的工具变量。例如：Arceo 等(2016)将每周的逆温层个数作为工具变量，估计 PM10 浓度和 CO 浓度对墨西哥的儿童死亡率的影响。之后，Sager 等(2016)和 Chen 等(2017)均基于逆温层数据构建工具变量。②空气流动性指标。空气流动强度与雾霾污染程度具有负相关性，因而满足有效工具变量的相关性假定(Broner et al.，2012；Hering and Poncet，2014)。陈诗一和陈登科(2018)利用 ECMWF 发布的 ERA-INTERIM 栅格气象数据，构建空气流动系数 $VC_{it} = WS_{it} \times BLH_{it}$，其中，$VC_{it}$、$WS_{it}$ 和 BLH_{it} 分别代表空气流动系数(Ventilation Coefficients)、风速(Wind Speed)和大气边界层高度(Boundary Layer Height)。Liu 和 Salvo(2018)使用大气通风数据 V_t，设定方程 $Z_t = \delta_0 + V_t\delta_t + \delta_t + \upsilon_t$，其中，$\delta_t$ 表示时间固定效应，通过估计该方程求得拟合值，并将拟合值作为工具变量。因此，本书拟从气象学角度寻找空气污染的工具变量。

(2)多种负面影响。

空气污染造成的影响是多方面的。空气污染对生理健康的短期和长期影响已被大量文献证实(Ward and Beatty，2015；Tanaka，2015；Ebenstein et al.，2015)，长期暴露在 PM2.5 环境中会增加死亡风险(Fischer et al.，2015；Di et al.，2017；Barreca et al.，2017)。空气污染还可能通过一系列直接或间接途径影响居民的心理健康(Chen et al.，2018)，进而降低居民幸福感(杨继东和章逸然，2014)。He 等(2015)对中国工人的研究发现，劳动生产率和 PM2.5 浓度呈负向变化关系，且空气污染对高技能劳动力的负向影响更大。Isen 等(2014)提出，早年的污染暴露将影响成年后的收入。徐鸿翔和张文彬(2017)认为空气污染通过影响劳动生产率和收入水平进而影响劳动力供给，这和蔡芸等(2018)的观点一致。近年来，越来越多的学者开始关注空气污染与学生缺勤之间的因果关系，Liu 和 Salvo(2018)基于中国北方国际学校就读的 6545 名学生的研究发现，空气污染会导致学生缺勤，经常缺勤的学生的缺勤率受到 PM2.5 的干扰作用更大。Chen 等(2018)以广州市为例，考察空气污染与学生健康和出勤率之间的因果关系，结果发现，空气污染会直接危害学生健康并降低学校出勤率。不仅如此，空气污染对人们的决策带来影响，例如，空气质量通过情绪、政策和预期等渠道对股票市场的收益率、换手率和波动率带来影响(郭永济和张谊浩，2016)，空气污染影响人们的消费行为，并导致人们思维能力下降和利社会倾向的减弱(Chew et al.，2018)，还将增加道路交通事故发生的可能性(Sager，2016)。此外，一些学者关注空气污染对居民政治态度的影响(左翔和李明，2016)。根据上述文献，空气污染不仅影响劳动力的健康和收入，甚至还会影响到劳动力随迁子女的学校出勤率等，空气污染的确降低了劳动力的幸福感。这些研究不仅为本书在理论建模中如何导入空气污染的负外部性提供了经验支撑，也为机制分析提供了一些思路。

第三节 劳动力流动的相关研究

劳动力流动的相关研究主要围绕三大主题展开，分别是影响劳动力流动的因素、劳动力流向、劳动力流动与经济活动的关系。

一、劳动力流动的影响因素

劳动力流动的影响因素非常多，现有文献主要从下面三个视角展开。第一，制度环境方面。贾男和马俊龙(2015)基于新型农村合作医疗保险的现实背景，实证检验了非携带式医保对农村劳动力流动的锁定效应。研究表明，现行的新农合制度由于具有较强的非携带特征，限制了参保人的自由流动；新农合的非携带特征抑制了劳动力在大范围内自由流动。柴国俊和王军辉(2017)基于 2011 年和 2013 年中国家庭金融调查数据，分析土地征收对劳动力流动的影响，结果发现，征地通过缓解金融约束来促进劳动力流动，存在融资困难的家庭更明显地得到征地补偿好处，则其迁移的概率更大。王丽艳和马光荣(2017)使用 2000 年和 2010 年人口普查分县数据，采用空间断点回归方法，分析转移支付政策对区域间人口流动的影响。结果发现，一个地区获得的转移支付规模和人口净流出规模正相关，转移支付通过减少就业机会，扩大地方行政管理支出，进而导致人口流出。第二，文化方面。Wang 等(2015)分析了移民对文化多样性和文化距离的不同偏好，其主要结论有两方面，一方面，文化多样性增加了地区吸引力。另一方面，平均文化距离大大削弱了地区的吸引力。刘毓芸等(2015)通过构建一个劳动力跨方言流动的微观数据库，考察方言距离与劳动力流动的关系。结果表明，方言距离呈现出先促进、后抑制劳动力流动的"倒 U 形"模式。第三，经济方面。魏浩和李晓庆（2017）从进口贸易的角度来解释劳动力流动，研究发现，进口贸易通过对进口国国内企业造成冲击，从而带来短期失业，于是劳动力将面临跨行业或跨地区流动，不同技能水平、不同性别的劳动力对进口冲击的反应具有差异性。

二、劳动力流向

劳动力流向问题，即劳动力为什么在诸多区域选择某一个特定区域，该问题的研究常常需要运用微观数据，相关文献相对较少。目前中文文献只有 2 篇。一是夏怡然和陆铭（2015）利用 2005 年 1% 人口抽样调查微观数据与 220 个地级市的城市宏观数据，采用条件 Logit 模型，研究了公共服务与工资等对劳动力流向的影响。结果显示，劳动力选择流向某个城市，不仅为了获得该城市更高的工资，也为了享受该城市较好的公共服务。二是张莉等（2017）也通过建立 Logit 模型，从微观角度分析房价对劳动力流动的影响，结果发现，房价对劳动力流动存在"倒 U 形"影响，高技能劳动力对房价更敏感，倒 U 形拐点更小。英文文献中，Su 等（2017）基于 2008 年和 2009 年中国城乡劳动力流动调查（RUMiC）数据，建立嵌套 Logit 模型，分析中国 15 个城市外来务工人员的来源，考察了农民工个人素质的差异。结果发现，来自省内的移民与来自省外的移民差异较大，总体而言，更高的工资、更大的人口规模、更高的人均 GDP，以及更快的就业增长率是一个城市吸引来自省内和省外移民的重要特征。

三、劳动力流动与经济活动

劳动力流动怎样影响经济？现有文献从两方面给出了回答。第一，微观个体方面，甄小鹏和凌晨（2017）将劳动力异质性引入传统家庭收入决策方程，使用中国家庭追踪调查 2010 年数据，分析劳动力流动对其家庭收入的影响。结果表明，外出务工和在家劳动的劳动力对家庭收入的平均贡献率分别为 23.80% 和 22.50%，且外出务工扩大了农村内部收入差距。韩佳丽等（2017）基于连片特困地区微观农户调查数据的研究发现，农村劳动力流动能够有效减缓农户多维贫困，但主要体现在物质方面，农村劳动力流动强度与农户多维贫困之间呈现"U 形"关系，农村劳动力流动并不能有效缓解极端多维贫困户。第二，宏观经济方面。大量研究表明，劳动力流动对中国经济增长作出很大贡献（都阳等，2014；郝大明，2015）。其中，较具有代表性的是，伍山林（2016）提出，由于非农部门劳动的制度异质性被固化以及农村劳动力教育增速放缓，农业劳动力流动促进经济增长的潜力受到了抑制，为了延续"中国奇迹"，应当建立统一的劳动力市场。此外还有一些学者从劳动力流动角度解释区域经济差距，例如，彭国华（2015）提出，放松劳动力流动限制，中西部的技能劳动力进一步向东部流动，地区发展差距再次扩大。

值得一提的是，借用数理模型来解释劳动力流动的研究相对较少，其中，运用新经济地理学模型分析劳动力流动问题的代表性文献有2篇。樊士德等（2015）将劳动力流动内生化，进一步拓展核心-边缘模型，并进行数值模拟。结果发现，劳动力外流刚性降低了产业转移规模，劳动力流动规模越大，对产业转移造成的内在障碍越大。刘军辉和张古（2016）基于新经济地理学的中间投入品模型，进而构建中国户籍制度演变模型，数值模拟结果表明：不同户籍制度的改革路径对农村劳动力转移和经济发展具有较大影响，户籍制度改革通过降低劳动力流动的约束进而带来巨大的改革红利。此外，将新经济地理学模型和发展经济学中的Lewis模型相结合，进而考察劳动力转移、产业转移等的相关研究也取得一定进展（倪鹏飞等，2014；颜银根，2017）。

第四节 其他相关研究

考虑到第三章和第四章的实证过程中，本书还讨论了空气污染与互联网使用的交互效应，以及空气污染和集中供暖制度的交互效应，本节还梳理了互联网使用的相关文献、以及集中供暖制度的相关文献。

一、互联网使用的相关研究

随着互联网技术的普及，一些学者陆续就互联网普及展开研究。互联网使用的相关研究可归结为三大类。第一大类是研究互联网与劳动力市场的关系。一些学者关注互联网使用对人力资本回报率的影响，结果发现，互联网显著提高了工资收入（Goss 和 Phillips，2002；Navarro，2010），互联网和计算机使用都能提高工资水平，但互联网收入的回报下降速度更快（Krueger，1993；Lee 和 Kim，2004）。互联网的发展不仅提高了人力资本的回报率，也改变了人们的传统工作方式，让在家办公成为可能，美国在家办公的员工占比从 1980 年的 0.75% 提高至 2010 年的 2.4%（Mateyka et al.，2012）。Bloom（2015）基于中国携程旅行社的一项在家办公（简称 WFH）实验的结果发现，在家工作导致业绩增长了 13%，其中 9% 来自于更多的工作时间（更少的休息和病假），4% 来自每分钟更多的电话（归因于更安静和更方便的工作环境）。研究还表明，在家工作提高了员工的工作满意度，离职率降低了 50%。Vazquez 和 Winkler（2017）基于欧洲电信改革的研究进一步佐证了互联网使用对在家办公的推动作用。还有一些学者研究互联网使用与工作搜寻、就业的关系（Kuhn 和 Skuterud，2014；Dettling，2017），这也是国内学者主要的研究方向，目前国内相关研究基本都是从微观视角展开。例如：周冬（2016）认为，农村地区的互联网推广和使用可以促进非农就业，扩充农民收入来源，进而有利于农村发展。马俊龙和宁光杰（2017）基于 2014 年中国家庭追踪数据（CFPS）的研究进一步证实了互联网使用对农村劳动力非农就业的正向促进作用。毛宇飞和曾湘泉（2016）使用中国综合社会调查数据（CGSS）进行实证分析，结果表明，互联网使用促进了女性的整体就业，尤其是非自雇就业，这和 Dettling（2017）的研究结果基本一致，但后者认为，互联网使用仅有利于已婚女性，但对未婚男性和未婚女性的就业无显著性影响。

　　第二大类是研究互联网使用与经济增长、金融发展、贸易的关系。Kolko（2010）基于美国数据的研究发现，宽带扩张和当地经济增长之间存在着积极的关系。在信息技术依赖度和人口密度都较低的地区，这种关系更强。尽管宽带扩张与人口增长以及就业增长有关，但就业人口的平均工资和就业率都不受宽带扩张的影响。王鑫（2015）对互联网金融解决小微企业融资的可行性展开了研究，认为互联网金融一定程度上优化了金融资源配置，有利于小微企业解决融资困境。宋晓玲和侯金辰（2017）从宏观视角，搜集 25 个发达国家和 40 个发展中国家的面板数据，实证分析了互联网使用对普惠金融发展的影响，结果表明，互联网使用显著提升了发展中国家和发达国家的普惠金融指数。施炳展（2016）的理论研究表明，互联网通过降低国际贸易成本从而促进贸易增长，进一步研究发现，互联网可以增加企业的出口概率，促进企业持续出口。

第三大类是互联网使用与其他学科结合。第一，互联网与人口学相结合，例如，一些学者认为，在人口老龄化愈发严重的现实条件下，"互联网+养老"模式具有良好的发展前景，线上平台、智能设备及线下服务圈三大板块有利于养老服务需求与供给的有效匹配（于潇和孙悦，2017）。还有一些学者研究在线交友、"网恋"与婚姻质量的关系等，Rosenfeld（2017）基于在线交友的追踪数据的研究发现，在线约会不意味着会分手，相反地，在线约会将导致更快速地走向婚姻。第二，互联网与幸福经济学相结合。周广肃和孙浦阳（2017）基于 CFPS 数据，检验了互联网使用对幸福感的影响及其作用机制，结果发现，互联网使用促进了居民幸福感提升，但降低了收入对幸福感的正向作用，而且中等收入阶层、中等教育阶层、较少社会网络群体以及大中城市居民是互联网使用对幸福感发挥显著效果的主要群体。第三，互联网与民主政治的关系。王润（2017）认为，网络公民参与已经是一种普遍的非制度化政治参与方式，在中国社会，互联网使用对公民参与带来积极影响，互联网是促进民主政治的有效工具。

二、集中供暖的相关研究

从经济学视角分析中国集中供暖制度的文献较少，相关文献基本是将"一刀切式"供暖和空气质量联系起来研究。目前，代表性的英文文献有 2 篇。Almond 等（2009）利用中国 76 个城市 1980—1993 年的面板数据，采用空间断点和固定效应模型进行回归分析，结果表明，中国"一刀切式"供暖显著提高了北方的总悬浮微粒（TSP）浓度，但对 SO_2 和 NO_X 浓度无明显影响。Ebenstein 等（2017）以秦岭-淮河线作为空间断点，分别使用参数断点回归和非参数断点回归方法，实证检验了空气污染对寿命的影响。结果发现，中国"一刀切式"供暖加重了北方的空气污染，进而导致北方平均寿命比南方缩短 5.5 年。相关的中文文献仅有 2 篇，陈强等（2017）利用华北地区 39 个城市日数据的实证结果表明，冬季供暖使北部的空气污染加剧了约 20%。李金珂和曹静（2017）年进行了类似研究，结果发现，开始集中供暖以后，多种空气污染物浓度明显提高，集中供暖结束后，空气污染物浓度平缓下降。

第五节 文 献 述 评

既有文献分别就劳动力流动的影响因素、空气污染的成因及后果展开了丰富的讨论，这些研究为本书的技术路线制定和研究的顺利展开奠定了良好的基础。然而，将空气污染和劳动力区位选择结合起来研究的文献非常少见，目前尚无相关理论研究，也缺少基于微观数据的实证研究。鉴于既有研究存在理论上的空白和实证上的不足，本书试图作出以下几个方面的改进。

（1）内容方面。

①本研究将空气污染和劳动力流动放在统一的框架下展开理论和实证研究，试图证实空气污染治理实际上是人力资本的一种间接投资，从而为污染治理工作提供理论支撑。②本书将劳动力流动细分为两个步骤。第一步是，劳动力是否流动，或劳动力是否离开家乡，由此提出第一个问题，即空气污染是否影响劳动力流动。为了回答这个问题，本书安排了两章内容，即第四章和第五章。第二步是，对于已经决定离开家乡的劳动力，劳动力在全国众多可供选择的城市（区位）中，选择流向哪一个城市。由此提出第二个问题，即空气污染是否影响劳动力的流向。③进一步地，通过考察空气污染如何影响劳动力的区位选择，以弥补机制研究上的空白，同时为各大城市的人才引进政策提供新的思路和决策依据。

（2）理论方面。

尚未有文献运用数理模型研究空气污染对劳动力区位选择的影响。空间经济学的快速发展给本书的理论建模提供了指引。本书拟在新经济地理学的框架下，引入污染部门，首次构建一个包含空气污染的劳动力区位选择模型，并拓展到劳动力异质性的情形。这种理论创新不仅丰富了环境经济学与劳动经济学在交叉领域的理论研究，也进一步扩充了新经济地理学的应用范围。

（3）实证方面。

①既有文献对劳动力流动的界定比较含糊，基于微观数据的大多数文献仅研究了微观个体是否流动，而没有考察劳动力的具体流向，本书则全面考察了劳动力是否流动，若流动，流向何方？②尽管有少量文献考察空气污染对劳动力流动的影响，但这些文献采用的劳动力流动数据均为地区加总数据，因而默认为，

空气污染对不同劳动力的影响是相同的，这显然和现实不符。本书拟采用劳动力流动的微观数据进行条件 Logit 回归分析。③进一步地，通过检验空气污染对不同劳动力的异质性影响、空气污染与区际交通时间的交互效应，以及污染感知变量的中介效应，从而对当前各大城市的人才引进政策能否真正实现人力资本的优化配置作出较为科学的判断。

(4)技术方面。

①尽管运用气象学知识寻找空气污染的工具变量的方法已获得初步成果，但是条件 Logit 模型不允许直接使用二阶段最小二乘法，本书通过建立均衡分类模型来解决该问题。②异质性劳动力情形下空间分类效应的识别还处于探索阶段，本书运用二阶段估计法等计量技术进行识别。此外，还采用了 SLX 形式的空间计量模型等前沿的计量分析技术。③在机制检验中，对于因变量为离散型的中介效应模型，传统的中介效应检验失效。本书拟采用 $Z_{mediation}$ 统计量 KHB 方法来克服这一难题。

◎ 本章参考文献

[1]安虎森，叶金珍. 房价对幸福感的影响及其作用机制[J]. 贵州社会科学，2018(4)：109-116.

[2]安虎森，周亚雄，颜银根. 新经济地理学视域下区际污染、生态治理及补偿[J]. 南京社会科学，2013(1)：15-23.

[3]安虎森，周亚雄. 区际生态补偿主体的研究：基于新经济地理学的分析[J]. 世界经济，2013(2)：117-136.

[4]安虎森. 新经济地理学原理[M]. 经济科学出版社，2009.

[5]蔡昉. 中国经济改革效应分析——劳动力重新配置的视角[J]. 经济研究，2017(7)：6-19.

[6]陈诗一，陈登科. 雾霾污染、政府治理与经济高质量发展[J]. 经济研究，2018(2).

[7]梁琦，李建成，陈建隆. 异质性劳动力区位选择研究进展[J]. 经济学动态，2018，686(4)：124-139.

[8]梁琦，陈强远，王如玉. 户籍改革、劳动力流动与城市层级体系优化[J]. 中

国社会科学，2013(12).

[9]刘军辉，张古.户籍制度改革对农村劳动力流动影响模拟研究？——基于新
　　经济地理学视角[J].财经研究，2016，42(10)：80-93.

[10]刘毓芸，徐现祥，肖泽凯.劳动力跨方言流动的倒U形模式[J].经济研究，
　　2015(10)：134-146.

[11]陆铭.城市、区域和国家发展——空间政治经济学的现在与未来[J].经济
　　学(季刊)，2017(4).

[12]罗勇，王亚，范祚军.异质型人力资本、地区专业化与收入差距——基于新
　　经济地理学视角[J].中国工业经济，2013(2)：31-43.

[13]马克伟.土地大辞典[M].长春出版社，1991.

[14]石庆玲，郭峰，陈诗一.雾霾治理中的"政治性蓝天"——来自中国地方"两
　　会"的证据[J].中国工业经济，2016(5)：40-56.

[15]王丽艳，马光荣.帆随风动、人随财走？——财政转移支付对人口流动的影
　　响[J].金融研究，2017(10)：18-34.

[16]夏怡然，陆铭.城市间的"孟母三迁"——公共服务影响劳动力流向的经验
　　研究[J].管理世界，2015(10)：78-90.

[17]肖挺.环境质量是劳动人口流动的主导因素吗？——"逃离北上广"现象的
　　一种解读[J].经济评论，2016(2)：3-17.

[18]叶金珍，安虎森.腐败、转移支付与区域经济差距——基于异质性新经济
　　地理学模型的分析[J].西南民族大学学报(人文社科版)，2017，38(12)：
　　126-135.

[19]叶金珍，安虎森.开征环保税能有效治理空气污染吗[J].中国工业经济，
　　2017(5)：54-74.

[20]叶金珍，王勇.相亲结婚真的靠谱吗——基于CFPS2014数据的研究[J].南
　　开经济研究，2019(1).

[21]叶金珍.退休、生活习惯与健康的关系——基于Harmonized CHARLS数据
　　的研究[J].人口与经济，2018(2).

[22]张磊，韩雷，叶金珍.外商直接投资与雾霾污染：一个跨国经验研究[J].
　　经济评论，2018，214(6)：71-87.

［23］张莉，何晶，马润泓．房价如何影响劳动力流动［J］．经济研究，2017（8）：157-172.

［24］Almond D, Chen Y, Greenstone M, et al. Winter Heating or Clean Air? Unintended Impacts of China's Huai River Policy［J］. American Economic Review, 2009, 99（2）：184-190.

［25］Andersson F, Forslid R. Tax Competition and Economic Geography［J］. Journal of Public Economic Theory, 2003, 5（2）：279-303.

［26］Arceo E, Hanna R, Oliva P. Does the Effect of Pollution on Infant Mortality Differ Between Developing and Developed Countries? Evidence from Mexico City［J］. Economic Journal, 2016, 126（591）.

［27］Au C C, Henderson J V. How Migration Restrictions Limit Agglomeration and Productivity in China［J］. Journal of Development Economics, 2006, 80（2）：0-388.

［28］Au C C, Henderson J V. Are Chinese Cities Too Small? ［J］. Review of Economic Studies, 2006, 73（3）：549-576.

［29］Bayer P, Mcmillan R, Rueben K. An Equilibrium Model of Sorting in an Urban Housing Market：The Causes and Consequences of Residential Segregation［J］. Social Science Electronic Publishing, 2005, 860（1）：75-76.

［30］Bayer P, Mcmillan R, Rueben K. The Causes and Consequences of Residential Segregation：An Equilibrium Analysis of Neighborhood Sorting ［J］. Working Paper, 2004.

［31］Behrens A, Pech O, Graupe F, et al. Barrett's Adenocarcinoma of the Esophagus：Better Outcomes through New Methods of Diagnosis and Treatment［J］. Deutsches Arzteblatt International, 2011, 108（18）：313-319.

［32］Berliant M, Fujita M. Knowledge Creation as a Square Dance on the Hilbert Cube［J］. International Economic Review, 2010, 49（4）：1251-1295.

［33］Braga M. Dreaming Another Life. The Role of Foreign Media in Migration Decisions. Evidence from Albania［R］. mimeo, 2007.

［34］Chen Y, Ebenstein A, Greenstone M, et al. Evidence on the Impact of Sustained

Exposure to Air Pollution on Life Expectancy from China's Huai River Policy[J]. Proceedings of the National Academy of Sciences of the United States of America, 2013, 110(32): 12936.

[35] Cherrie J W, Apsley A, Cowie H, et al. Effectiveness of Face Masks used to Protect Beijing Residents against Particulate Air Pollution[J]. Occupational and Environmental Medicine, 2018: oemed-2017-104765.

[36] Chew Soo Hong, Huang Wei and Li Xun. Haze and Decision Making: A Natural Laboratory Experiment[J]. Working paper, 2017.

[37] Combes P P, Duranton G, Gobillon L, et al. The Productivity Advantages of Large Cities: Distinguishing Agglomeration From Firm Selection [J]. Econometrica, 2012, 80(6): 2543-2594.

[38] Desmet K, Rossi-Hansberg E. On the Spatial Economic Impact of Global Warming [J]. Journal of Urban Economics, 2015, 88: 16-37.

[39] Desmet K, Rossi-Hansberg E. Urban Accounting and Welfare[J]. American Economic Review, 2013, 103(6): 2296-2327.

[40] Hafstead M A C, Williams R C. Unemployment and Environmental Regulation in General Equilibrium[J]. Journal of Public Economics, 2018, 160: 50-65.

[41] Han J, Li S. Internal Migration and External Benefit: The Impact of Labor Migration on the Wage Structure in Urban China[J]. China Economic Review, 2017: S1043951X17301001.

[42] Hanna R, Oliva P. The Effect of Pollution on Labor Supply: Evidence from a Natural Experiment in Mexico City[J]. Journal of Public Economics, 2015, 122(10): 68-79.

[43] Jans J, Johansson P, Nilsson P. Economic Status, Air Quality, and Child Health: Evidence from Inversion Episodes[J]. Iza Discussion Papers, 2014.

[44] Kay S, Zhao B, Sui D. Can Social Media Clear the Air? A Case Study of the Air Pollution Problem in Chinese Cities[J]. Professional Geographer, 2015, 67(3): 351-363.

[45] Liu Y. To Stay or Leave? Migration Decisions of Foreign Students in Japan[J].

Discussion Papers, 2016.

[46] Mcfadden D. Conditional Logit Analysis of Qualitative Choice Behavior[M]. Frontiers in Econometrics, 1974: 105-142.

[47] Qin Y, Zhu H. Run away? Air Pollution and Emigration Interests in China[J]. Journal of Population Economics, 2018, 31(1): 1-32.

[48] Sager L. Estimating the Effect of Air Pollution on Road Safety Using Atmospheric Temperature Inversions[J]. Gri Working Papers, 2016.

[49] Schlenker W, Walker W R. Airports, Air Pollution, and Contemporaneous Health[J]. Review of Economic Studies, 2016, 83(2).

[50] Schwartz J. Air Pollution and Children's Health [J]. Pediatrics, 2015, 31 (2): 265.

[51] Shuai Chen, Paulina Oliva, Peng Zhang. Air Pollution and Mental Health: Evidence from China[R]. NBER Working Paper 24686, 2017.

[52] Tainio M, Nazelle A D, Gotschi T, et al. Can Air Pollution Negate the Health Benefits of Cycling and Walking[C]. International Conference on Transport and Health, 2016: S54.

[53] Tanaka S. Environmental Regulations on Air Pollution in China and Their Impact on Infant Mortality[J]. Journal of Health Economics, 2015, 42(3): 90.

[54] Tanaka, Shinsuke. Environmental Regulations on Air Pollution in China and Their Impact on Infant Mortality[J]. Journal of Health Economics, 2015, 42: 90-103.

[55] Venables A J. Productivity in Cities: Self-selection and Sorting[J]. Economics, 2010, 11(2): 241-251.

[56] Wang Z, Graaff T D, Nijkamp P. Cultural Diversity and Cultural Distance as Choice Determinants of Migration Destination [J]. Spatial Economic Analysis, 2015, 11(2): 1-25.

[57] Ward A L S, Beatty T K M. Who Responds to Air Quality Alerts [J]. Environmental & Resource Economics, 2015, 65(2): 487-511.

[58] Yaqin Su, Petros Tesfazion, Zhong Zhao. Where are Migrants from? Inter- vs. Intra-provincial Rural-urban Migration in China [J]. China Economic

Review，2017.

［59］Zivin J G，Neidell M. The Impact of Pollution on Worker Productivity［J］. American Economic Review，2012，102（7）：3652.

第三章　构建包含空气污染的理论模型

如前文所述，大规模的劳动力迁移是中国目前及未来较长一段时间内的一个重要人口特征，劳动力流动是维持经济增长的基本动力。经济增长理论认为，发展经济需满足三个条件，即资本、人力和技术。由于人力可以创造技术，吸引资本流入，因而人力是更为重要的条件。中共十九大报告指出，人才是实现民族振兴、赢得国际竞争主动的战略资源；在深化供给侧结构性改革、激发各类市场主体活力，实现高质量发展方面，人才无疑是城市发展最关键，也是最急缺的要素。[①] 党的二十大报告指出，必须坚持科技是第一生产力、人才是第一资源、创新是第一动力，深入实施科教兴国战略、人才强国战略、创新驱动发展战略，开辟发展新领域新赛道，不断塑造发展新动能新优势。[②]

人力资本的积累及人力资本的回报率提高，是推动现代经济增长的引擎（陆铭，2017）。现阶段，人才的重要性越发凸显出来，新一线城市全员加入这次"抢人大战"。据媒体不完全统计，2017—2018 年间西安、天津、上海等共计 100 多个城市先后出台人才新政，2018 年几乎可称为我国"人才大战元年"并达到此轮争夺战高潮；截至 2019 年 12 月，2019 年全国发布相关人才新政的城市已超过 160 个，其中近 40 城发布人才购房新政。纵观各大城市的人才政策，主要集中在户籍、子女上学、社会保障、住房、补贴等方面。

[①] 参见《党的人才事业：聚天下英才　书百年华章》，https：//m. gmw. cn/baijia/2021-06/20/34933672. html；《权威发布：十九大报告全文》：https：//www. spp. gov. cn/tt/201710/t20171018_202773. shtml。

[②] 参见《跟着总书记学习二十大报告　人才是第一资源》：https：//baijiahao. baidu. com/s？id＝1756852621169804510&wfr＝spider&for＝pc。

与此同时，随着社会的进步和生活条件的不断改善，以及"80后""90后"新生代群体成为中国流动人口的主力军，人们对良好空气质量的需求愈发高涨，并对空气污染带来的健康威胁越来越敏感。随之而来的是，对雾霾的忍耐正在逐渐消失，特别是中产阶级。"雾霾移民"一词甚至上了诸多社交平台的热搜榜，空气污染成为一个备受关注的社会问题，空气质量的改善可谓民之所望、政之所向。据此，一个重要的问题是，空气污染影响劳动力流动吗？

学术界主流研究发现，工资报酬（杨振宇和张程，2017）、户籍政策（都阳等，2014；梁琦、陈强远和王如玉，2013）、城市公共服务（杨晓军，2017）和社会保障（夏怡然和陆铭，2015）、住房价格（张莉、何晶和马润泓，2017）是影响劳动力流动的重要因素。这些均属于政府可以通过政策进行调节和适当控制的影响因素，可称为城市"硬实力"。而空气质量的改善则无法一蹴而就，需要政府、媒体、企业、公众的共同努力，仅仅依靠政府还是远远不够的。换言之，空气质量是城市的"软实力"。梳理现有文献，不难发现，目前学者们就城市的硬实力和劳动力流动的关系展开了大量的研究，但关于城市软实力对劳动力流动的影响研究较少，关注空气质量和劳动力流动的关系的相关研究则更为少见。对该问题的研究不仅有利于针对性地制订人才引进计划，还可以为人才政策提供一些新的思路，也可以为区域经济发展政策的制定提供理论支撑和经验证据，具有重要的现实意义。

据此，本书遵循理论-实证的技术路径，聚焦于空气污染对劳动力流动的影响，展开了大量的研究工作。其中，第三章为理论模型的研究，基于第三章提出的理论假说，第四章、第五章、第六章、第七章展开了丰富的实证研究。

由于传统劳动经济学的实证传统，基于数理模型的文献极少（梁琦等，2018），而且劳动经济学长期以来忽视了空间因素带来的集聚效应（Combes et al.，2008）。随着新经济地理学的快速发展，利用新经济地理学的分析范式来研究劳动力的空间配置成为可能。传统劳动经济学领域研究劳动力流动的理论文献几乎都是在 Roy（1951）提出的自选择（Self-selection）模型的基础上进行改进和拓展，其典型缺点是忽略了不同区位的空间异质性，将新经济地理学（New Economic Geography，NEG）模型引入劳动经济学的研究则可以弥补这一缺点，[1]

---

[1] 新经济地理学的先驱 Krugman（1991）称关于中心-外围模型（Core-peripheral Model）的工作为"New Economic Geography"（新经济地理学）。

新经济地理学（NEG）模型的发展为劳动力流动的理论建模研究打开了一个新的局面（梁琦等，2018）。

因此，第三章选取 NEG 诸多模型中的自由企业家模型，试图将空气污染和劳动力流动放在新经济地理学（NEG）模型的框架下展开系统性研究，主要进行如下工作：（1）劳动力同质的情况下，将污染的负外部性导入新经济地理学（NEG）中的自由企业家模型（Footloose Entrepreneur Model），运用 Matlab 软件进行数值模拟，推出空气污染和劳动力流动决策的关系。（2）拓展到劳动力异质性的情况。参照罗勇等（2013）、Han 和 Li（2017）的做法，将劳动力分为高技能劳动力和低技能劳动力，建立一个包含污染部门的异质性劳动力转移模型，并基于数值模拟结果推出空气污染对异质性劳动力迁移的作用方向。

本章接下来的结构安排如下。第一节阐述了纳入空气污染的 NEG 模型，第二节对第一节构建的模型进行短期均衡分析和长期均衡分析，并运用 Matlab 软件进行了数值模拟，第三节考虑了劳动力异质性的情况，并进行了相应的数值模拟，第四节是本章小节，最后是本章参考文献的汇总。

第一节　纳入空气污染的 NEG 模型

由 Krugman（1991）提出的中心-外围模型开辟了新经济地理学的基本框架，Forslid 和 Ottaviano（2003）提出的自由企业家（Footloose Entrepreneur）模型（简称为 FE 模型）将人力资本的概念纳入中心-外围模型，进而拓展了新经济地理学在人力资本领域的应用范围。FE 模型具备中心-外围模型的基本特征，由于仅允许固定投入具备空间流动性，其解析能力较中心-外围模型有大幅提高，可操作性更强，因而为本章在新经济地理学范式下讨论劳动力流动提供了一个可行的理论框架。本章基于 FE 模型，加入污染部门，研究污染企业的空间分布对人力资本的区际分布的影响。

一、基本假设

本章构建包含 2 个地区、3 个部门、2 种要素的自由企业家模型，2 个地区是北部和南部，3 个部门分别为农业部门、工业部门和污染部门，2 种要素是人力资本和普通劳动力。具体而言：①农业部门在区内交易、区际交易均不存在冰山交易成本，其特征是规模收益不变和完全竞争。②工业部门在区内交易无冰山交易成本，在区际交易存在冰山交易成本，以规模收益递增和完全竞争为特征。工业部门的其中一部分是污染部门，这些部门遵循工业部门的基本特征，但污染部门降低了空气质量，因而具有负外部性。③人力资本在区际自由流动，普通劳动力仅能在区域内自由流动。

二、消费者行为分析

各地区的消费者效用函数为两层，总效用函数 U 是消费农业品和工业品获得的总效用，子效用函数 C_d 是消费差异化工业品获得的效用。效用函数为：

$$U = C_d^\mu C_a^{1-\mu}, \quad C_d = \left(\int_{i=0}^{n_1+n_2} c_i^{(\sigma-1)/\sigma} di \right)^{\sigma/(\sigma-1)}, \quad 0 < \mu < 1 < \sigma \quad (3.1)$$

其中，c_i 表示消费者对第 i 种工业品的消费量，n_1 是北部的工业品种类，n_2 是南部的工业品种类。根据效用最大化条件，求得北部和南部对第 i 种工业品的需求为：

$$c_{1i} = \mu E_1 p_{1i}^{-\sigma} / P_{d1}^{1-\sigma}, \quad c_{2i} = \mu E_2 p_{2i}^{-\sigma} / P_{d2}^{1-\sigma} \quad (3.2)$$

E_1、E_2 分别是北部和南部的总支出，p_{1i}、p_{2i} 分别是北部和南部的工业品价格，P_{d1}、P_{d2} 分别是北部和南部的工业品价格指数。

三、企业行为分析

工业部门是模型主要探讨的部门，参考多数新经济地理学模型的做法，设农产品为计价物，每生产 1 单位农产品需要 1 单位普通劳动力，则普通劳动力的工资 $w_L = 1$。工业部门中，每家企业只生产 1 种多样化的差异性产品，企业固定投入是 1 单位的人力资本，可变投入是每单位产出需要 a_m 单位的普通劳动力。北部和南部的企业成本函数分别为：

$$TC_1 = w_1(1 + z_1) + w_L a_m x_1, \quad TC_2 = w_2(1 + z_2) + w_L a_m x_2 \quad (3.3)$$

其中，w_1、w_2 分别表示北部和南部的人力资本的名义工资，x_1、x_2 分别是北部和南部的单个企业产量。空气污染通过负向作用于人力资本的健康进而降低了人力资本的收入（He 等，2015；Ebenstein 等，2017），受到空气污染的负向影响，北部和南部的单位人力资本分别需要额外支付的污染成本为 w_1z_1、w_2z_2。假设经济体中污染企业的个数不变，北部和南部的污染企业占污染企业总数的比重分别为 s_{p1}、s_{p2}，则污染成本加成份额为：

$$z_1 = s_{p1} + \lambda s_{p2}, \quad z_2 = \lambda s_{p1} + s_{p2}, \quad s_{p2} = 1 - s_{p1}, \quad 0 \leqslant \lambda \leqslant 1 \tag{3.4}$$

λ 是污染扩散系数。λ 的值越大，临近区域污染企业的负外部性越大。根据垄断竞争市场特征，均衡时企业的净利润为 0，则北部和南部的工业品价格分别为：

$$p_{1i} = w_L a_m / (1 - 1/\sigma), \quad p_{2i} = w_L a_m / (1 - 1/\sigma), \quad p_1 = p_{1i} = p_{2i} = p_2 \tag{3.5}$$

由（3.5）式可知，工业品在产地的价格与工业品种类无关，各类差异化工业品的价格相等，这里用 p_{1i}、p_{2i} 表示北部和南部的工业品价格。设冰山交易成本为 τ，则北部的工业品在南部的价格为 τp_{1i}，南部的工业品在北部的价格为 τp_{2i}，对外开放度 $\phi = \tau^{1-\sigma}$，进而推出：

$$P_{d1}^{1-\sigma} = \int_{i=0}^{n_1} p_{1i}^{1-\sigma} + \phi \int_{i=0}^{n_2} p_{2i}^{1-\sigma}, \quad P_{d2}^{1-\sigma} = \phi \int_{i=0}^{n_1} p_{1i}^{1-\sigma} + \int_{i=0}^{n_2} p_{2i}^{1-\sigma} \tag{3.6}$$

第二节　均衡分析与数值模拟

一、均衡分析

（1）短期均衡。在垄断竞争市场，总支出等于总收入，则北部和南部的总支出分别为：

$$E_1 = w_1 H_1 + w_L L_1, \quad E_2 = w_2 H_2 + w_L L_2 \tag{3.7}$$

其中，H_1、H_2 分别是两区域的人力资本量，$n_1 = H_1$，$n_2 = H_2$，L_1、L_2 分别是两区域的普通劳动力数量。结合（3.2）式至（3.6）式，根据利润最大化条件，求得人力资本的名义工资为：

$$\begin{cases} w_1 = \dfrac{1}{(1+z_1)} \dfrac{\mu}{\sigma} \left[\dfrac{E_1}{H_1 + \phi H_2} + \phi \dfrac{E_2}{\phi H_2 + H_2} \right] \\[4mm] w_2 = \dfrac{1}{(1+z_2)} \dfrac{\mu}{\sigma} \left[\phi \dfrac{E_1}{H_1 + \phi H_2} + \dfrac{E_2}{\phi H_1 + H_2} \right] \end{cases} \tag{3.8}$$

将(3.7)式代入(3.8)式，可求得名义工资的显性解：

$$
\begin{cases}
\begin{aligned}
w_1 = {} & \frac{b\{(1+z_2)[\phi L_2(H_1+\phi H_2)+L_1(\phi H_1+H_2)]-b(1-\phi^2)L_1H_2\}}{(1+z_1)(1+z_2)(H_1+\phi H_2)(\phi H_1+H_2)-b(1+z_1)H_2(H_1+\phi H_2)} \\
& \overline{-b(1+z_2)H_1(\phi H_1+H_2)+b^2(1-\phi^2)H_1H_2}
\end{aligned} \\[3mm]
\begin{aligned}
w_2 = {} & \frac{b\{(1+z_1)[\phi L_1(\phi H_1+H_2)+L_2(H_1+\phi H_2)]-b(1-\phi^2)L_2H_1\}}{(1+z_1)(1+z_2)(H_1+\phi H_2)(\phi H_1+H_2)-b(1+z_1)H_2(H_1+\phi H_2)} \\
& \overline{-b(1+z_2)H_1(\phi H_1+H_2)+b^2(1-\phi^2)H_1H_2}
\end{aligned}
\end{cases}
$$

$$(3.9)$$

（2）长期均衡。由于农业品充当计价物，则两区域的农业品价格指数 P_a 均等于 1。结合(3.1)式和(3.6)式，求得两区域的消费者生活成本指数（消费者价格指数）为：

$$P_1 = P_{d1}^{\mu}P_a^{1-\mu} = P_{d1}^{\mu}, \quad P_2 = P_{d2}^{\mu}P_a^{1-\mu} = P_{d2}^{\mu} \qquad (3.10)$$

结合(3.9)式和(3.10)式，求得北部和南部的人力资本实际工资为：

$$
\begin{cases}
\omega_1 = w_1/P_1 \\
\omega_2 = w_2/P_2
\end{cases}
$$

若两区域的人力资本占比均在 0 与 1 之间，即两区域未构成核心－边缘结构，则长期均衡条件是 $\omega_1 = \omega_2$。

二、数值模拟

为便于操作，模型进行标准化处理，令人力资本总量为 1，则北部的人力资本份额 $S_1 = H_1$。北部和南部的普通劳动力数量相等，且 $L_1 + L_2 = 1$。根据长期均衡条件，这里对实际工资的比值 ω_1/ω_2 取对数，整理得到：

$$
\ln\left\{\frac{(1+z_2)[\phi L_2(H_1+\phi H_2)+L_1(\phi H_1+H_2)]-b(1-\phi^2)L_1H_2}{(1+z_1)[\phi L_1(\phi H_1+H_2)+L_2(H_1+\phi H_2)]-b(1-\phi^2)L_2H_1}\right\}
$$
$$
+\frac{\mu}{\sigma-1}\ln\frac{H_1+\phi H_2}{\phi H_1+H_2} = 0 \qquad (3.11)
$$

将(3.4)式代入(3.11)式可知，(3.11)式实际上给出了长期均衡时人力资本的区域分布 S_1 与污染企业分布 s_{p1} 的非线性关系。由于方程无显性解，本章借助 matlab 软件进行数值模拟。参考安虎森和周亚雄（2013），参数 μ 的校准值为

0.4，σ 的校准值为 5。污染扩散系数 λ 的基准值是 0.5，对外开放度 ϕ 的基准值为 0.2。同时，本章依次对 λ、ϕ 取不同的值，进行比较分析。以北部为例，模拟结果见图 3.1、图 3.2 和图 3.3。

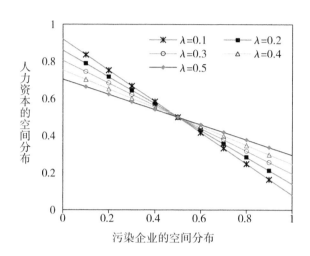

图 3.1 不同 λ 值下 S_1 和 s_{p1} 的关系以及 $(\omega_1 - \omega_2)$ 和 s_{p1} 的关系

图 3.1 模拟了不同污染扩散系数 λ 下污染企业的空间分布和人力资本区位选择的关系。观察图 3.1 可知：①无论 λ 的值怎样变动，人力资本的空间分布和污染企业的区际分布均呈现出较为稳健的负相关关系。②当南部是污染企业聚集区时，随着区域间污染扩散系数的提高，南部污染企业对北部空气质量的负外部性增强，则北部对人力资本的吸引力下降；当北部是污染企业聚集区时，随着区域间污染扩散系数的提高，北部污染企业对南部空气质量的负向影响增强，则南部对人力资本的吸引力将下降。据此提出假说 1：

假说 1：总体而言，一个区域的空气污染降低了该地区对劳动力的吸引力。

图 3.2(a) 表示不同对外开放度 ϕ 下人力资本的区位分布和污染企业分布关系。从图 3.2(a) 可知，无论对外开放度怎样改变，人力资本总倾向于流向污染企业较少的区域，这和假说 1 的观点一致。

结合图 3.2(a) 和图 3.2(b) 可知，在污染企业的空间分布相同的条件下，人力资本的空间分布以及区际实际工资差异都随着对外开放度的变化而变化。具体来说，相对于开放度较低的情况，空气污染在对外开放度较高情况下对人力资本比重S_1的变化影响更强。同等的污染水平上升幅度，当开放度水平更高时，带来的人力资本减少幅度也更大。对给定的区域来说，对外开放度越大，意味着冰山运输成本越小，区际交通便利性越高。因此，劳动力在面对该区域的空气污染水平上升时，会更容易流出或避免流入该区域。据此提出：

假说2：随着对外开放度的提高，劳动力选择离开家乡的倾向随之下降。

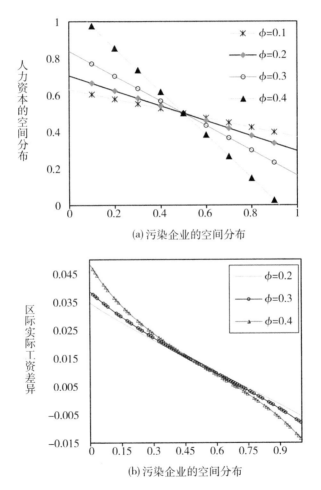

(a) 污染企业的空间分布

(b) 污染企业的空间分布

图3.2　不同ϕ值下S_1和s_{p1}的关系以及$(\omega_1 - \omega_2)$和s_{p1}的关系

假说3：区际交通便利性越高的区域，空气污染对劳动力流入的阻碍作用越强。

图3.3模拟了不同污染扩散系数λ下污染企业的空间分布和区际实际工资差异之间的关系。观察图3.3可知，随着越来越多的污染企业向北部聚集，北部的空气污染程度加深，受到污染的负外部性影响，北部的实际工资下降。尽管如此，只要北部的实际工资尚未下降到南部的实际工资水平以下，北部仍然能留住一定的人力资本。随着北部空气质量的进一步恶化和两区域实际工资差异的不断缩小，北部对人力资本的吸引力逐渐由正向转为负向，北部的人力资本流向南部。换言之，空气污染对劳动力流动表现出先吸引后抑制的影响。据此提出：

假说4：随着空气污染程度的加重，空气污染和劳动力区位选择之间存在"倒U形"关系。

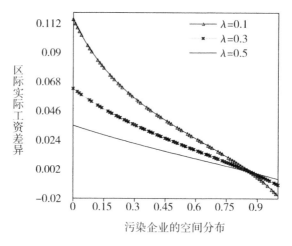

图3.3 不同λ值下$(\omega_1 - \omega_2)$和s_{p_1}的关系

第三节 考虑劳动力异质性的 NEG 模型

为将劳动力的异质性特征引入理论模型中，本章参考有效人力资本

（Coniglio，2002；罗勇等，2013）的逻辑，将劳动力分为高技能和低技能两种，并以单位低技能人力资本为单位有效人力资本的标准计价物。设某经济体的人力资本总量为 H^W，高技能人才占人力资本总量的比重为 θ，则高技能人才和低技能人才总量分别为 θH^W、$(1-\theta) H^W$。显然，高技能人才的区域集聚会进一步带来更多的高技能人才，这种集聚效应不仅会增强该区域对高技能人才的吸引力，而且会增强该区域的整体人力资本水平。考虑区域差异，进一步设北部的高技能人才占经济体中高技能人才总量的比重为 γ，北部低技能人才占经济体中低技能人才总量的比重为 η，令 f_1 和 f_2 分别表示北部和南部的高技能人才集聚效应，则北部和南部的有效人力资本数量为：

$$H_1 = [\theta\gamma(1 + f_1) + (1 - \theta)\eta] H^W,$$

$$H_2 = [\theta(1 - \gamma)(1 + f_2) + (1 - \theta)(1 - \eta)] H^W \tag{3.12}$$

将（3.12）式代入（3.11）式，设定相关参数值，进行数据模拟，可以得到图3.4。图3.4(a)和图3.4(b)分别为低技能人才和高技能人才的实际工资差异与污染企业分布的关系。对比图3.4（a）和图3.4（b）可知，当过半的污染企业向北部进一步集聚时，高技能人才在北部的实际工资要高于南部，而低技能人才在北部的实际工资要低于南部，并且，这种关系在考虑不同因素（如区际开放水平ϕ）后依然成立。其可能的解释是，对一个地区来说，污染严重的阶段也是经济快速发展的阶段，其生产活动要求更高的专业化技能，也拥有更高质量的劳动力市场，可以为高技能人才提供更高的实际工资水平。高技能人才在这些地区更容易找到与其技能相匹配的工作，从而实现"物尽其才，人尽其用"，其所得到的高工资能够承担因空气污染而支付的健康成本。这就印证了新经济地理学（NEG）范式下异质性劳动力的选择效应（Venables，2011；梁琦等，2018）。低技能人才却恰好反过来，因为难以支付这些地区较高的生活成本（包括健康成本）而选择流向空气质量优良但经济落后的地区，这也印证了异质性劳动力的分类效应（Behrens等，2014）。据此提出下面的假说5：

假说5：相对于高技能劳动力，低技能劳动力对空气污染的反应更敏感。

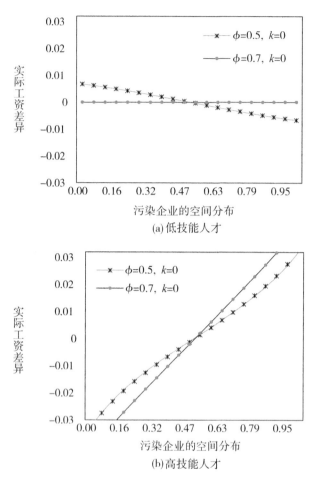

图 3.4　低技能人才和高技能人才的实际工资差异①

第四节　本 章 小 结

梳理现有文献可知，已有相关文献（肖挺，2016；Chen 等，2017；张海峰等，2019）主要进行的是实证研究，均未围绕空气污染影响劳动力流动这一问题建立严格意义上的理论模型。本书的理论研究工作在一定程度上补充了本领域的

---

①　为了简化操作，假设人力资本在区域间迁移的成本 $k=0$。

薄弱之处。新经济地理学(New Economic Geography，NEG)的诸多模型中，Forslid 和 Ottaviano(2003)首次提出包含人力资本的自由企业家模型(Footloose Entrepreneur Model，FE 模型)。该模型假设人力资本可以自由流动，因而可用于研究人力资本的区域空间分布问题。

　　本章在传统的 FE 模型的基础上做出两种改进。一是加入污染的外部性，建立一个包含污染的自由企业家模型，二是将劳动力分为高技能和低技能两种，即将自由企业家模型拓展到劳动力异质性的情况，进而讨论同等程度的污染对高、低技能劳动力的异质性影响。对改进后的数理模型进行了均衡分析，我们借助 Matlab 软件，进行了系列数值模拟，得到五个重要的理论假说。具体而言：①总体而言，一个区域的空气污染降低了该地区对劳动力的吸引力。②随着对外开放度的提高，劳动力选择离开家乡的倾向随之下降。③区际交通便利性越高的区域，空气污染对劳动力流入的阻碍作用越强。④随着空气污染程度的加重，空气污染和劳动力区位选择之间存在"倒 U 形"关系。⑤相对于高技能劳动力，低技能劳动力对空气污染的反应更敏感。

　　接下来的第四章、第五章、第七章的实证分析均围绕上述五个理论假说展开，毫无疑问，本章的研究不仅为全书的顺利完成打下了良好的理论基础，也具有一定研究意义。这主要体现在，首先，将空气污染引入同质性劳动力和异质性劳动力区位选择的分析框架中，拓宽了空气污染的研究范围，也丰富了劳动力区位选择理论，为两者的交叉研究开辟了一个新的视角。其次，利用新经济地理学来研究空气污染和劳动力区位选择的关系，拓展了新经济地理学在环境经济学和劳动经济学相关研究上的应用广度和深度，为新经济地理学、环境经济学和劳动经济学在学科交叉领域的融合及拓展性研究提供新的指引，为经济社会发展提供更加科学的指导和决策依据。

◎ 本章参考文献

[1]安虎森，周亚雄.区际生态补偿主体的研究：基于新经济地理学的分析[J].世界经济，2013(2)：117-136.

[2]安虎森.新经济地理学原理[M].经济科学出版社，2009.

[3]曹静，王鑫，钟笑寒.限行政策是否改善了北京市的空气质量[J].经济学

（季刊），2014，13（2）：1091-1126.

[4] 都阳，蔡昉，屈小博，程杰. 延续中国奇迹：从户籍制度改革中收获红利[J]. 经济研究，2014（8）.

[5] 黄寿峰. 财政分权对中国雾霾影响的研究[J]. 世界经济，2017（2）.

[6] 梁琦，陈强远，王如玉. 户籍改革、劳动力流动与城市层级体系优化[J]. 中国社会科学，2013（12）.

[7] 梁琦，李建成，陈建隆. 异质性劳动力区位选择研究进展[J]. 经济学动态，2018（4）.

[8] 陆铭. 城市、区域和国家发展——空间政治经济学的现在与未来[J]. 经济学（季刊），2017（4）.

[9] 罗勇，王亚，范祚军. 异质型人力资本、地区专业化与收入差距——基于新经济地理学视角[J]. 中国工业经济，2013（2）.

[10] 杨晓军. 城市公共服务质量对人口流动的影响[J]. 中国人口科学，2017（2）：11.

[11] 杨振宇，张程. 东迁、自选择与劳动力溢价："孔雀东南飞"背后的故事[J]. 经济学（季刊），2018（4）.

[12] 张莉，何晶，马润泓. 房价如何影响劳动力流动[J]. 经济研究，2017（8）.

[13] Behrens A, Pech O, Graupe F, et al. Barrett's Adenocarcinoma of the Esophagus: Better Outcomes through New Methods of Diagnosis and Treatment[J]. Deutsches Arzteblatt International, 2011, 108(18): 313-319

[14] Berry S, Levinsohn J, Pakes A. Automobile Prices in Market Equilibrium[J]. Econometrica, 1995, 63: 841-890.

[15] Breen R, Karlson K B, Holm A. Total, Direct, and Indirect Effects in Logit and Probit Models[J]. Sociological Methods & Research, 2013, 42(2).

[16] Chen S, Guo C, Huang X. Air Pollution, Student Health, and School Absences: Evidence from China[J]. Journal of Environmental Economics and Management, 2018, 92: 465-497.

[17] Chen S, Oliva P, Zhang P. The Effect of Air Pollution on Migration: Evidence from China[J]. National Bureau of Economic Research, 2017, No. W24036.

[18]Coniglio N, Regional Integration and Migration: An Economic Geography Model With Heterogeneous Labour Force[J]. Glasgow University, Discussion, 2002, No. 2003-1.

[19]Duranton G, Puga D. Micro-foundations of Urban Agglomeration Economies[R]. CEPR Discussion Papers, 2004.

[20]Ebenstein A, Fan M, Greenstone M, He G, Peng Y, Zhou M. Growth, Pollution, and Life Expectancy: China from 1991-2012[J]. American Economic Review, 2015, 105(5): 226-231.

[21]Forslid R, Ottaviano G. An analytically solvable core-periphery model[J]. Journal of Economic Geography, 2003, 3(3): 229-240.

[22] Jans J, Johansson P, Nilsson P. Economic Status, Air Quality, and Child Health: Evidence from Inversion Episodes[R]. Iza Discussion Papers, 2014.

[23] Venables A J. Productivity in cities: self-selection and sorting[J]. Economics, 2010, 11(2): 241-251.

第四章 空气污染对劳动力个体离乡的影响

第三章基于新经济地理学(NEG)的研究框架,将空气污染纳入传统的自由企业家模型,构建一个包含污染的理论模型。我们通过一般均衡分析和 Matlab 软件的数值模拟,得到 5 个重要的理论假设。第四章、第五章、第六章、第七章均基于第三章的理论假设开展针对性的实证研究,第四章和第五章主要验证了假说 1 和假说 2,第六章和第七章主要验证了假说 3、假说 4 和假说 5。

和既有研究不同的是,本书将劳动力流动细分为两个步骤。第一步是,劳动力是否选择跨区域流动,或劳动力是否离开家乡,离开家乡的劳动力则成为流动型劳动力。第二步是,对于已经决定离开家乡的劳动力,劳动力在全国众多可供选择的城市(区位)中,选择流向哪一个城市?而未曾离开家乡的劳动力则无需面临区位选择问题。第一步是针对全样本的劳动力,第二步则仅针对流动劳动力,此时所讨论的劳动力区位选择可以理解为劳动力流向。

针对第一步,我们提出第一个问题,即空气污染对劳动力是否流动的影响?为了回答这个问题,本书安排了两章内容,即第四章和第五章。针对第二步,我们提出第二个问题,即空气污染是否影响劳动力的流向?为了回答这个问题,本书也安排了两章内容,即第六章和第七章。

本章主要围绕第一个问题展开研究。梳理劳动力是否流动的文献可知:一些早期文献基于宏观数据研究劳动力的跨地区转移问题;随着微观数据资料和计量技术的逐步完善,一些学者开始运用微观数据分析劳动力流动问题。

宏观层面上,较多的文献从区域政策展开劳动力流动的研究,例如汤韵和梁若冰(2009)讨论地方公共支出对居民迁移的作用,王丽艳和马光荣(2017)考察转移支付对县级人口流出的影响。王桂新等(2012)认为,我国人口迁移的区域模式及其变化，主要是迁入地城镇收入水平等经济因素的吸引作用明显增强所致，并与空间距离等恒定因素的影响相对弱化有关。国外研究发现，由于人力资本的外部性，以及人口密集度高的城市技能匹配更容易，劳动力更倾向于流向平均教育水平高和人口密集度强的城市（Moretti，2004；Fu and Liao，2012），基于中国省域劳动力数据的实证研究也得到了和该观点较为一致的结果（肖群鹰和刘慧君，2007；王桂新等，2012）。

微观层面上研究劳动力是否流动的文献大多数从经济制度着手。例如，考察新型农村合作医疗保险与劳动力是否流动的关系（贾男和马俊龙，2015）、土地征收对劳动力流动的影响（柴国俊和王军辉，2017）、进口冲击对劳动力是否流动的差异性影响（魏浩和李晓庆，2017）。此外，还有一些文献关注方言文化和社会关系网络对劳动力是否离开家乡的影响（郭云南和姚洋，2013；潘静和陈广汉，2014；刘毓芸等，2015）。

如上所述，劳动力是否流动既可以用宏观数据来刻画，也可以用微观数据来衡量。根据作者掌握的现有国内外文献资料，基于宏观数据的劳动力流动研究和基于微观数据的劳动力流动研究层出不穷，但这些研究大多集中在区域政策、经济制度等"硬条件"因素对劳动力是否流动的影响，鲜有文献关注空气污染这种城市"软实力"与劳动力移动决策的关系。

有鉴于此，本书从宏观和微观两个层面来考察空气污染对劳动力是否流动的影响。宏观上，一般用劳动力迁移率来表示劳动力流动的总体情况（详见第五章），该指标可以从总体上看出一个地区的劳动力流动属于净流入还是净流出，从而对该地区的人才吸引力做出判断。其缺点是，劳动力迁移率视为一个地区所有劳动力流动行为的加总结果，这暗含着所有劳动力同质的假设，因而忽略了劳动力流动的个体异质性。而且，基于地区加总数据的研究更容易面临地区层面的核心变量和劳动力迁移率互为因果关系而导致的内生性问题。微观上，单个劳动力个体离开家乡，则取值为 1，否则，取值为 0。具体衡量方法详见本章第一节第二小节（数据来源及变量说明）。考虑到微观数据和宏观数据各有利弊，本书的第四章运用劳动力流动的微观数据展开回归分析，第五章运用劳动力流动的宏观数据展开回归分析。

本章基于假说 1 和假说 2，主要进行如下工作：（1）利用劳动力动态调查

（CLDS）的微观数据，并将空气污染等城市层面数据和 CLDS 数据进行匹配，得到一个包含个体信息和城市特征变量信息的数据库。（2）先后建立 Probit 模型、Logit 模型、有序 Probit 模型、有序 Logit 模型进行实证分析。（3）考虑了互联网的普及对劳动力是否流动的影响、以及空气污染对互联网使用的交互效应，在替换了因变量的衡量指标等稳健性操作后，理论假说仍然成立，这充分说明：实证结果具有较强的可信度。

本章接下来的结构安排如下：第一节是实证模型设定与数据来源，第二节报告了劳动力个体离乡的实证结果，包括基准分析、稳健性检验和考虑空气污染和互联网使用的交互效应后的结果。第三节是本章小节，最后是本章的参考文献。

第一节　实证模型设定与数据来源

一、实证模型设定

基于第三章的理论假说 1 和理论假说 2，本章建立如下二元选择模型：

$$\text{leave}_{ij} = a_0 + a_1 \, \text{PM}_j + a_2 \, \varphi_j + a_3 \, X_i + a_4 \, Z_j + \varepsilon_{1ij} \tag{4.1}$$

其中，i 表示第 i 个受访者，j 表示第 j 个城市，leave_i 表示受访者 14 岁以来是否有离开家乡的经历，若回答为"是"，赋值为 1，否则，赋值为 0。PM_j 表示第 j 个城市的空气污染程度，这里用 PM2.5 年浓度来衡量；φ_j 表示第 j 个城市的区际交通便利性。X_i 是一组衡量个人特征的控制变量，Z_j 是一组衡量城市特征的控制变量，ε_{1ij} 是误差项。

二、数据来源及变量说明

微观数据来自中国劳动力动态调查（China Labor-force Dynamics Survey，CLDS）2014 年的个人问卷和家庭问卷。中国劳动力动态调查是中国第一个以劳动力为主题的全国范围内的跟踪调查，本章选用 CLDS2014 年数据主要是考虑到，在众多的微观调查数据中，CLDS2014 是少有的同时包含受访者迁移信息和互联网使用情况的调查，因此可以满足本章对微观数据变量的所有数据要求。主要变量说明如下：

1. 因变量

CLDS 询问了受访者 14 岁以来是否有跨县市迁移经历，若受访者回答为"是"，$leave_{ij}$ 赋值为 1，若受访者回答为"否"，$leave_{ij}$ 取值为 0。为检验结果的稳健性，本章根据受访者流入地与流出地（14 岁时居住地）信息，识别出跨省流动和省内流动的样本，若受访者跨省流动，$leave_{ij}$ 赋值为 2，若受访者省内跨县市流动，$leave_{ij}$ 赋值为 1，若受访者不流动，$leave_{ij}$ 赋值为 0。

2. 核心解释变量：城市层面

（1）空气污染。由于 PM2.5 比 PM10 的直径更小，能深入人体下呼吸道器官，引发疾病的可能性更高（秦蒙等，2016），我们将地级市的 PM2.5 年浓度作为空气污染的衡量指标。其原始数据来自哥伦比亚大学社会经济数据和应用中心公布的，基于遥感卫星监测的地表 PM2.5 浓度的栅格数据，运用 Arcgis 软件对原始数据进行提取可获得地级市层面 PM2.5 数据。

（2）对外开放度。参考丁如曦和倪鹏飞（2017）的做法，本章从局部和全局两个维度来刻画对外开放度。具体而言，选用本区域到区域中心大城市的最短地理距离来表示局部层面上的对外开放，选用到全国经济中心城市的最短地理距离来表示全局层面上的对外开放，并界定北京、上海、广州、深圳为全国经济中心城市。数据的具体获取方式是：基于国家地理信息系统提供的 1∶400 万地图，借助 Arcgis 软件测得。

3. 控制变量

（1）重要的个人特征变量。这里主要指受访者的互联网使用情况。为避免单一的衡量指标带来的主观性，本章充分利用 CLDS 家庭问卷和 CLDS 个人问卷的互联网使用的相关信息，从多个角度衡量劳动力的互联网使用情况。详细的定义方法如下：①本章根据"使用网上银行"的自我能力评估来定义个人的互联网使用情况，用 1 到 4 表示"完全不会"到"完全没问题"。②本章还从互联网使用方式来衡量互联网使用情况，将"不上网"定义为 1，"只使用电脑上网"或"只使用手机上网"定义为 2，"既使用电脑上网，也使用手机上网"定义为 3。③个人方面的互联网使用信息利用 CLDS 个人问卷中"网上购买火车票"这个问题来反映，答案依次是"完全不会""不太行""还可以""完全没问题"，本章据此设定取值范围为 1 到 4 的有序多分类变量。④家庭方面的互联网使用信息来自 CLDS 家庭问卷中的问题"家庭是否使用了互联网"，答案有 4 个选项，分别是："不上网""只使用电脑上网""只使用手机上网""既使用电脑上网，也使用手机上网"。若受访者的回答是"不上网"，则定义为 0，若选择其他 3 个选项，则定义为 1。

(2)其他个人特征变量。①基本的个人特征变量包括年龄、户籍类型(农村 = 1)、普通话熟练程度、受教育程度、取得专业技术资格证书、性别(男性 = 1)、婚姻状况(已婚 = 1)、民族(汉族 = 1)。②个人特征变量还包括父亲受教育程度、母亲受教育程度、兄弟姐妹数、可获得帮助的朋友及熟人数、可借到 5000 元及以上的朋友数。

(3)城市特征变量。城市特征变量包括人均 GDP、平均工资、失业率、高校师生比、第二产业占比。城市特征变量数据来自中国城市数据库的市辖区数据。

三、描述性统计

个体微观数据的描述性统计如表 4.1 所示。从表 4.1 可知，跨县市迁移的均值是 0.1089，说明 10.89%的受访者具有跨县市迁移经历。从上网能力的自我评估来看，网上购买火车票与使用网上银行的均值基本相当，都接近 1.9，说明整体而言，受访者的上网能力在中下等水平。家庭是否使用互联网的均值为 0.5087，说明一半以上的家庭使用了互联网。此外，从微观个体的控制变量来看，受访者的平均年龄在 44.37 岁左右，农村户口的受访者占总样本的 75.91%，受访者的普通话平均熟练程度、平均受教育程度在中上等水平，10.67%受访者取得专业技术资格证书，男性占到总样本的 48.39%，已婚状态的受访者在总样本的占比高达 80.93%，汉族的受访者占到总样本的 88.13%，父亲的受教育程度整体上高于母亲，兄弟姐妹数的均值是 2.97 个。

城市特征变量的描述性统计如表 4.2 所示。表 4.2 报告了 236 个城市的统计结果，其中，PM2.5 浓度的均值是 48.86μg/m³，经过通胀调整后的人均 GDP 均值是 31603 元，经过通胀调整后的年平均工资均值是 23414 元，失业率的均值高达 6.2%，高校师生比的均值为 6.6%，第二产业占比的均值高达 50.94%，到区域中心大城市的距离均值为 135.77 公里，到全国经济中心城市的距离均值为596.88 公里。

表 4.1　个体微观变量的描述性统计

变量名	样本量	均值	标准差	最小值	最大值
跨县市迁移(是=1)	21467	0.1089114	0.3115352	0	1
网上购买火车票	21467	1.886244	1.21618	1	4
使用网上银行	21467	1.957749	1.244398	1	4
家庭使用互联网的方式	21453	1.853447	0.9025116	1	3
家庭是否使用互联网	21453	0.50874	0.4999353	0	1
年龄	21348	44.36556	14.73403	14	114
户籍类型(农村=1)	21440	0.7591418	0.4276144	0	1
普通话熟练程度	21465	4.522292	1.237754	1	5
受教育程度	21466	2.944936	1.198083	1	5
是否取得专业技术资格证书	21467	0.1067219	0.3087666	0	1
性别(男性=1)	21466	0.4839281	0.4997533	0	1
婚姻状况(已婚=1)	21455	0.8092752	0.3928817	0	1
民族(汉族=1)	21450	0.8812587	0.3234913	0	1
父亲受教育程度	20108	2.05933	1.090846	1	5
母亲受教育程度	20312	1.740695	0.9741689	1	5
父母受教育程度最大值	19713	2.128494	1.12124	1	5
兄弟姐妹数	21446	2.970624	2.030813	0	15
可获得帮助的朋友/熟人数	21346	14.60409	82.67996	0	8000
可借到钱的朋友数(5000元为标准)	21252	4.124882	26.89794	0	2000

表 4.2　城市特征数据的描述性统计 (2001 年到 2012 年的平均值)

变量	定义	观测值	均值	标准差
空气污染	PM2.5 浓度的年均值($\mu g/m^3$)	236	48.86	22.77

变量	定义	观测值	均值	标准差
人均GDP	CPI调整后的人均GDP均值（元）	236	31604.02	184.96
年平均工资	CPI调整后的年均工资(元)	236	23414.02	55.46
失业率	登记失业人数/(登记失业人数+在岗职工人数)	236	0.062	0.028
高校师生比	高校教师数/高校在校学生数	236	0.066	0.025
第二产业占比	第二产业增加值/GDP(%)	236	50.94	10.97
到区域中心大城市距离(公里)	到省内中心大城市的最短距离	233	135.77	94.90
到全国经济中心城市的距离(公里)	到北京、上海、广州、深圳的最短距离的最小值	233	596.88	377.45

第二节　劳动力离乡的实证结果：基于微观数据

一、空气污染是否影响劳动力离乡：基准回归

表4.3报告了(4.1)式的Logit模型的估计结果。首先，空气污染的估计系数显著为正，说明其他条件相同时，家乡的空气污染越严重，劳动力选择离开家乡的可能性越大，第三章的理论假说1得到初步证实。

其次，对外开放度的局部衡量指标(到区域中心大城市的最短距离)和全局衡量指标(到全国经济中心城市的最短距离)均显著为正。一般而言，对外开放度与到经济中心的距离成反方向变化关系，即到经济中心的距离是对外开放度的反向衡量指标。由此认为，到中心城市的距离越短，对外开放度越高，劳动力个体选择离开家乡的可能性越小，该结论在局部维度和全局维度上均成立，理论假说2得到证实。

最后，表4.3以使用网上银行作为互联网使用的衡量指标，该指标的估计系

数都在1%水平上显著为正，说明互联网使用正向作用于劳动力个体的离乡决策。城市特征变量中，平均工资的系数均在1%水平上显著为负，说明家乡的平均工资越高，离开家乡的可能性越低。

表4.3 空气污染对劳动力个体是否离乡的影响

空气污染	0.2087*
	(1.72)
到区域中心大城市	0.2575***
的最短距离	(10.32)
到全国经济中心城市	0.2010***
的最短距离	(4.19)
使用网上银行	0.1531***
	(5.52)
人均GDP	−0.1476
	(−1.18)
平均工资	−0.8033***
	(−2.80)
失业率	−5.1027***
	(−4.52)
高校师生比	−0.2936
	(−0.13)
第二产业占比	−0.0155***
	(−4.27)
省份固定效应	YES
个体特征变量	YES
样本量	17085
Pseudo R^2	0.289

注：括号内( )为 t 值，***、**、*分别代表在1%、5%、10%水平上显著。个体特征变量包括年龄、户籍、普通话熟练程度、受教育程度、是否持有专业技术资格证书、性别、婚姻状况、民族。城市特征变量中，PM2.5、人均GDP、平均工资、到区域中心大城市的最短距离、到全国经济中心城市的距离，各均取对数形式。

二、空气污染是否影响劳动力离乡：稳健性检验

为检验结果的稳健性，我们对劳动力是否离乡进行更为细化的分解，根据受访者流入地与流出地(14 岁时居住地)信息，识别出跨省流动、省内流动和不流动的样本。其中，跨省流动，取值为 2；省内流动，取值为 1；不流动，取值为 0。此时，因变量衡量指标属于有序分类变量，适宜采用有序概率模型进行回归。有序概率模型分为有序 Probit 模型和有序 Logit 模型。表 4.4 列 1—列 4 是有序 Probit 模型的估计结果，列 5—列 8 是有序 Logit 模型的估计结果。

首先，8 列的回归结果中，空气污染的估计系数均显著为正，说明其他条件相同时，家乡的空气污染越严重，劳动力选择离开家乡的可能性越大，第三章的理论假说 1 得到进一步证实。

其次，从列 1 到列 8，到区域中心大城市的最短距离的估计系数都在 1% 水平上显著为正，列 2—列 4、列 7、列 8 中，到全国经济中心城市的最短距离的估计系数在 1% 水平上显著为正，说明无论从局部来看，还是全局来看，对外开放度越高，劳动力选择离开家乡的可能性越小；对外开放度越低，劳动力选择离开家乡的可能性越大，这再次证实了第三章的理论假说 2。

最后，在有序 Probit 模型和有序 Logit 模型中，我们依次用家庭使用互联网、家庭使用互联网的方式、网上购买火车票、使用网上银行作为互联网使用的衡量指标，以检验互联网使用的定义方式是否影响受访者的流动决策。从表 4.9 可知，无论选择哪种互联网使用的衡量指标，该指标的估计系数都在 1% 水平上显著为正，说明互联网使用的确促进了劳动力流动。值得一提的是，无论互联网使用的衡量指标如何更换，空气污染的估计系数均显著为正，这从侧面验证了回归结果的稳健性。

三、空气污染是否影响劳动力离乡：考虑交互效应

考虑到空气污染与互联网使用的交互效应，本章继续加入空气污染与互联网使用的交互项进行回归分析。表 4.5 列 1—列 3 是 Probit 模型的估计结果，列 4—列 6 是 Logit 模型的估计结果。各列均控制了个人特征变量，表 4.5 通过逐列添

表 4.4 空气污染对劳动力个体省内流动、跨省流动的影响

不流动=0，省内流动=1，跨省流动=2

因变量	有序 Probit				有序 Logit			
	(1)	(2)	(3)	(4)	(5)	(6)	(7)	(8)
空气污染	0.1844***	0.1754**	0.1862***	0.1928***	0.4377***	0.4213***	0.4594***	0.4703***
	(2.65)	(2.52)	(2.68)	(2.78)	(4.11)	(4.00)	(4.27)	(4.35)
到区域中心大城市的最短距离	0.2055***	0.2057***	0.2055***	0.2053***	0.4611***	0.4614***	0.4592***	0.4581***
	(14.22)	(14.23)	(14.22)	(14.22)	(15.37)	(15.39)	(15.28)	(15.26)
到全国经济中心城市的最短距离	0.0583	0.0616*	0.0654*	0.0654*	0.1213	0.1300	0.1398*	0.1398*
	(1.58)	(1.67)	(1.76)	(1.76)	(1.47)	(1.57)	(1.68)	(1.67)
家庭使用互联网	0.3520***				0.7458***			
	(9.13)				(9.56)			
家庭使用互联网方式		0.2021***				0.4165***		
		(9.68)				(10.07)		
网上购买火车票			0.1215***				0.2254***	
			(7.59)				(7.43)	
使用网上银行				0.1031***				0.1919***
				(6.29)				(6.15)

续表

因变量	不流动 = 0，省内流动 = 1，跨省流动 = 2							
	有序 Probit				有序 Logit			
	(1)	(2)	(3)	(4)	(5)	(6)	(7)	(8)
其他城市特征变量	YES	YES	YES	YES	YES	YES	YES	YES
省份固定效应	YES	YES	YES	YES	YES	YES	YES	YES
个体特征变量	YES	YES	YES	YES	YES	YES	YES	YES
样本量	17080	17080	17086	17086	17080	17080	17086	17086
Pseudo R^2	0.219	0.219	0.219	0.219	0.225	0.225	0.225	0.225

注：括号内（）为 t 值，***，**，*分别代表在1%，5%，10%水平上显著。个体特征变量包括年龄、普通话熟练程度、受教育程度、是否持有专业技术资格证书、性别、婚姻状况、民族。其他城市特征变量包括人均GDP、平均工资、失业率、高校师生比、第二产业占比。

加城市层面的控制变量来检验结果的稳健性。列 1 和列 4 的城市层面控制变量包括人均 GDP、平均工资，列 2 和列 5 继续加入失业率，列 3 和列 6 在列 2 和列 5 的基础上加入高校师生比、第二产业占比。

表 4.5 各列空气污染的估计系数均在 5% 水平上显著为正，说明家乡的空气污染越严重，受访者离开家乡的概率越大，第三章的理论假说 1 再次得到证实。除列 6 外，空气污染与家庭使用互联网的交互项均显著为负，说明随着空气污染状况的恶化，相对于不使用互联网的家庭，使用互联网的家庭离开家乡的概率较低，换言之，相对于使用互联网的家庭，不使用互联网的家庭对家乡空气污染的反应更敏感。其可能的原因是，当家乡的空气质量恶化时，其他地区的空气质量可能也在恶化，擅长使用互联网的家庭，可通过网络了解到其他地区的空气污染信息，因而其迁移的概率较低。

比较表 4.5 各列可知，无论是否加入失业率、高校师生比、第二产业占比，家庭使用互联网的系数在 1% 水平上显著为正，到区域中心大城市的最短距离、到全国经济中心城市的最短距离都在 1% 水平上显著为正，这和表 4.3 的结果完全一致。第三章的理论假说 2 再次得到证实。

此外，6 列中，家庭使用互联网的估计系数均在 1% 水平上显著为正，这和表 4.3、表 4.4 的估计结果一致。据此可知，互联网的普及对劳动力个体离开家乡具有正向的促进作用。

表 4.5　空气污染对劳动力个体离乡的影响——加入空气污染与互联网使用的交互项

	Probit			Logit		
	（1）	（2）	（3）	（4）	（5）	（6）
空气污染	0.1550**	0.1547**	0.1521*	0.3705**	0.3742**	0.3543**
	（2.00）	（1.99）	（1.93）	（2.41）	（2.43）	（2.25）
空气污染×家庭使用互联网	−0.1265*	−0.1131*	−0.1127*	−0.2445*	−0.2216*	−0.2105
	（−1.93）	（−1.72）	（−1.71）	（−1.87）	（−1.69）	（−1.60）
家庭使用互联网	0.7729***	0.7129***	0.7115***	1.5107***	1.4067***	1.3653***
	（4.07）	（2.82）	（2.81）	（4.00）	（2.79）	（2.69）

续表

	Probit			Logit		
	（1）	（2）	（3）	（4）	（5）	（6）
到区域中心大城市的最短距离	0.1072***	0.1066***	0.1291***	0.2243***	0.2244***	0.2634***
	（9.69）	（9.61）	（10.07）	（10.21）	（10.18）	（10.55）
到全国经济中心城市的最短距离	0.0694**	0.0714**	0.0987***	0.1541**	0.1529**	0.2001***
	（2.33）	（2.40）	（4.18）	（2.55）	（2.55）	（4.19）
人均GDP	−0.1471***	−0.1798***	−0.0605	−0.2767***	−0.3466***	−0.1445
	（−2.86）	（−4.44）	（−0.94）	（−2.84）	（−4.47）	（−1.16）
平均工资	−0.3568**	−0.4035***	−0.4247***	−0.5923**	−0.6438**	−0.6935**
	（−2.37）	（−2.67）	（−2.79）	（−2.08）	（−2.26）	（−2.41）
失业率		−2.2085***	−2.4355***		−4.0618***	−4.5498***
		（−4.66）	（−4.04）		（−4.56）	（−4.01）
高校师生比			0.1873			−0.8996
			（0.16）			（−0.39）
第二产业占比			−0.0088***			−0.0158***
			（−4.49）			（−4.35）
省份固定效应	YES	YES	YES	YES	YES	YES
个体特征变量	YES	YES	YES	YES	YES	YES
样本量	17079	17079	17079	17079	17079	17079
Pseudo R^2	0.186	0.186	0.186	0.289	0.289	0.289

注：括号内( )为 t 值，***、**、*分别代表在1%、5%、10%水平上显著。个体特征变量包括年龄、户籍、普通话熟练程度、受教育程度、是否持有专业技术资格证书、性别、婚姻状况、民族。考虑到异方差问题，城市特征变量中，PM2.5、人均GDP、平均工资、到区域中心大城市的最短距离、到全国经济中心城市的距离，均取对数形式。

　　本章根据受访者流入地流出地的地理信息，进一步细分受访者的流动类型。此时，因变量从是否流动的二元变量拓展为不流动、省内流动、跨省流动的0/1/2的有序多分类变量，和表4.4的因变量相同。我们运用有序Probit模型和有序Logit模型进行实证分析，回归结果如表4.6所示。

表 4.6 是加入了空气污染与互联网使用的交互项后的有序 Probit 模型、有序 Logit 模型的估计结果。从表 4.6 可知，各列空气污染的估计系数均在 1% 水平上显著为正，这再次佐证了第三章的理论假说 1。家庭使用互联网的估计系数均在 1% 水平上显著为正，这和表 4.5 一致，再次证实了互联网普及对劳动力离乡的促进作用。从有序 Probit 模型的三列估计结果来看中，空气污染与互联网使用的交互项为负但不再显著；从有序 Logit 模型的三列估计结果来看中，空气污染与互联网使用的交互项均显著为负，这和表 4.5 的结果基本一致。

到区域中心大城市的最短距离的估计系数在 1% 水平上显著为正，这和表 4.9 基本一致，但加入空气污染与互联网使用的交互项后，到全国经济中心城市的最短距离的估计系数为正，但不再显著。

表 4.6　空气污染对省内流动、跨省流动的影响——加入
空气污染与互联网使用的交互项

因变量	不流动＝0、省内流动＝1、跨省流动＝2					
	有序 Probit			有序 Logit		
	（1）	（2）	（3）	（4）	（5）	（6）
空气污染	0.2657***	0.2725***	0.2722***	0.6655***	0.6977***	0.7007***
	（4.00）	（4.12）	（4.11）	（4.57）	（4.82）	（4.83）
空气污染×家庭使用互联网	−0.1122	−0.1226	−0.1143	−0.2952*	−0.3209**	−0.3083**
	（−1.50）	（−1.64）	（−1.53）	（−1.89）	（−2.06）	（−1.98）
家庭使用互联网	0.7820***	0.8304***	0.7915***	1.8800***	1.9903***	1.9274***
	（2.69）	（2.87）	（2.73）	（4.09）	（4.30）	（4.19）
到区域中心大城市的最短距离	0.2063***	0.1870***	0.1878***	0.4635***	0.4289***	0.4318***
	（14.27）	（15.12）	（15.15）	（15.45）	（16.27）	（16.32）
到全国经济中心城市的最短距离	0.0596	0.0368	0.0389	0.1242	0.0953	0.0920
	（1.61）	（1.03）	（1.09）	（1.50）	（1.20）	（1.16）
其他城市特征变量	YES	YES	YES	YES	YES	YES
省份固定效应	YES	YES	YES	YES	YES	YES

续表

因变量	不流动=0、省内流动=1、跨省流动=2					
	有序 Probit			有序 Logit		
	（1）	（2）	（3）	（4）	（5）	（6）
个体特征变量	YES	YES	YES	YES	YES	YES
样本量	17080	17080	17080	17080	17080	17080
Pseudo R^2	0.219	0.219	0.219	0.225	0.225	0.225

注：括号内( )为 t 值，＊＊＊、＊＊、＊分别代表在1％、5％、10％水平上显著。其他城市特征变量包括人均 GDP、平均工资、失业率、高校师生比、第二产业占比。

第三节　本章小结

本章基于第三章的理论假说1和假说2，利用劳动力个体流动（CLDS）微观数据，验证了家乡的空气污染对劳动力离开家乡的正向推动作用，以及对外开放度的提高对劳动力离开家乡的负向抑制作用。具体而言，我们先后建立二值选择模型和排序模型，设置劳动力是否离开家乡为二元变量（离开/流动=1，不离开/不流动=0），并根据劳动力是否跨省流动设置有序分类变量（跨省流动=2，省内流动=1，不流动=0），将该变量作为劳动力流动的替代性衡量指标；以家乡（14岁时的居住地）到区域中心大城市的最短距离、到全国经济中心城市的最短距离作为对外开放度的局部衡量指标和全局衡量指标。由表4.3、表4.4、表4.5和表4.6的实证结果可知：①无论采用二值选择模型还是排序模型，空气污染的估计系数均显著为正，说明一个地区的空气污染不利于该地区留住人才，该结论在更换劳动力流动的衡量指标、更换互联网使用的衡量指标、加入空气污染和互联网使用的交互效应后均成立，本书的假说1得到证实。②到区域中心大城市的最短距离以及到全国经济中心城市的最短距离的估计系数显著为正，而到中心城市的最短距离是对外开放度的反向度量指标，因此，从局部角度来看，到区域中心大城市的最短距离越长，不仅促使了劳动力跨县市流动，同时也意味着对外开放度越低，进而可认为，对外开放度对劳动力个体离乡的影响方向为负。同理，从全局角度来看，到全国经济中心城市的最短距离越长，对外开放度越小，劳动力更倾向于离开家乡。本书的假说 2 得到证实。③进一步研究发现，相对于不使用互联网的劳动力，使用互联网的动力更倾向于跨县市流动，离开家乡的可能性更高。相对于使用互联网的家庭，不使用互联网的家庭对家乡空气污染的反应更敏感。

近年来，我国人才流动的不均衡性愈发明显，从"孔雀东南飞"到"一江春水向东流"，再到"新一线城市效应"。这样的人才流动，让一、二线城市"人满为患"，三、四线城市展开"抢人大战"，而偏远、贫穷的欠发达地区面临"无人愿来""无人可用"的难题。大量研究表明，实现区域经济协调发展的一大难题是，落后地区面临着大量的人才流失问题。本章的研究为落后地区、欠发达地区留住人才提供了一种新的思路，即除了工资待遇、社会保障等众所周知的"硬条件"之外，吸引人才还要看"软实力"，譬如空气质量、生态环境等。本章的政策启示是显而易见的，通过提升一个地区的空气质量、改善生态环境，一定程度上可降低人才流失程度，空气质量是一个地区留住人才的重要因素之一。

◎ 本章参考文献

［1］Au C C，Henderson J V. Are Chinese Cities Too Small［J］. Review of Economic Studies，2006，73(3)：549-576.

［2］Baldwin K，Huber J D. Economic Versus Cultural Differences：Forms of Ethnic Diversity and Public Good Provision［J］. American Political Science Review，2010，104(4)：644-662.

［3］Cotten S R，Ford G，Ford S，et al. Internet Use and Depression Among Older Adults［J］. Computers in Human Behavior，2012，28(2)：496-499.

［4］Cotten S R，Ford G，Ford S，et al. Internet Use and Depression Among Retired Older Adults in the United States：A Longitudinal Analysis［J］. J Gerontol B Psychol Sci Soc Sci，2014，69(5)：763-771.

［5］Fischer P H，Marra M，Ameling C B，et al. Air Pollution and Mortality in Seven Million Adults：The Dutch Environmental Longitudinal Study（DUELS）［J］.

Environmental Health Perspectives，2015，123(7)：697-704.

[6]Forslid R，Ottaviano G I P. An Analytically Solvable Core-Periphery Model[J]. Journal of Economic Geography，2003，3(3)：229-240.

[7]Han J，Li S. Internal Migration and External Benefit：The Impact of Labor Migration on the Wage Structure in Urban China[J]. China Economic Review，2017：S1043951X17301001.

[8]Hanna R，Oliva P. The Effect of Pollution on Labor Supply：Evidence From A Natural Experiment in Mexico City[J]. Journal of Public Economics，2015，122(10)：68-79.

[9]Jans J，Johansson P，Nilsson P. Economic Status，Air Quality，and Child Health：Evidence from Inversion Episodes[J]. Iza Discussion Papers，2014.

[10]Kay S，Zhao B，Sui D. Can Social Media Clear the Air? A Case Study of the Air Pollution Problem in Chinese Cities[J]. Professional Geographer，2015，67(3)：351-363.

[11]Liu Y. To Stay or Leave? Migration decisions of foreign students in Japan[J]. Discussion Papers，2016.

[12]丁如曦，倪鹏飞. 中国经济空间的新格局：基于城市房地产视角[J]. 中国工业经济，2017(5).

[13]谌仁俊，肖庆兰，兰受卿，刘嘉琪. 中央环保督察能否提升企业绩效——以上市工业企业为例[J]. 经济评论，2019(5).

[14]丁如曦，倪鹏飞. 中国经济空间的新格局：基于城市房地产视角[J]. 中国工业经济，2017(5).

[15]周冬. 互联网覆盖驱动农村就业的效果研究[J]. 世界经济文汇，2016(3)：76-90.

[16]周广肃，孙浦阳. 互联网使用是否提高了居民的幸福感——基于家庭微观数据的验证[J]. 南开经济研究，2017(3)：18-33.

[17]宋晓玲，侯金辰. 互联网使用状况能否提升普惠金融发展水平？——来自25个发达国家和40个发展中国家的经验证据[J]. 管理世界，2017(1)：172-173.

[18]苏振华，黄外斌．互联网使用对政治信任与价值观的影响：基于 CGSS 数据的实证研究[J]．经济社会体制比较，2015(5)：113-126．

[19]汪明峰．互联网使用与中国城市化——"数字鸿沟"的空间层面[J]．社会学研究，2005(6)：112-135．

[20]游宇，王正绪，余莎．互联网使用对政治机构信任的影响研究：民主政治的环境因素[J]．经济社会体制比较，2017(1)：164-177．

[21]赵峰，星晓川，李惠璇．城乡劳动力流动研究综述：理论与中国实证[J]．中国人口·资源与环境，2015，25(4)：163-170．

第五章　空气污染对劳动力净流出的影响

本书劳动力流动问题的研究分为劳动力是否流动和劳动力流向何方，第四章和第五章聚焦在空气污染对劳动力流动的影响，第六章和第七章聚焦在空气污染对劳动力流向的影响。第四章主要探讨的是微观劳动力个体的离乡决策是否受到城市空气污染的影响，属于微观层面的实证研究。基于微观数据的研究一定程度上可以避免劳动力个体的异质性问题，不过，要考察城市空气质量对劳动力的总体吸引力，还需要运用加总数据进行回归分析。

第五章在第四章的基础上，用城市层面的劳动力净流出数据衡量劳动力的总体流动情况，基于宏观数据，进一步探讨城市的劳动力净流出是否受到城市空气污染的影响。

值得一提的是，中国北方冬季的集中供暖①对空气质量的负面影响得到了诸多研究的理论和经验上的支持(Almond 等，2009；Ebenstein 等，2017；李金珂和曹静，2017；陈强等，2017)。那么，空气污染对劳动力净流出的作用效果是否受到集中供暖的影响？为了回答该问题，本章在实证分析中加入了空气污染和集中供暖的交互项。

本章接下来的结构安排如下，第一节为实证模型设定与数据来源，第二节为空气污染对劳动力净流出影响的实证结果，包括面板双向固定效应模型和空间计量模型，第三节为本章小节，最后是本章的参考文献。

----

① 中国以秦岭-淮河为界的集中供暖制度始于 20 世纪 50 年代，由于正值中华人民共和国成立初期，能源紧缺，为节省预算，中国规定仅在日平均气温不超过 5℃的日数在 90 天以上的地区集中供暖，因此，秦淮线以南的地区无集中供暖，尤其是在供暖线周边的南部地区，冬季只能依靠自主取暖。冬季供暖成为北方的社会福利建设之一。

第一节　实证模型设定与数据来源

一、实证模型设定

1. 面板固定效应模型

一般而言，冬季最低气温持续走低将提高人们的供暖需求，本章用冬季最低气温来衡量供暖偏好强度。同时，考虑到空气污染对劳动力流动的影响，我们设定面板双向固定效应模型为：

$$\text{flow}_{it} = b_0 + b_1\,\text{pm}_{it} + b_2\,\text{pm}_{it} \times \text{heat}_i + b_3\,X_{it} + \lambda_i + D_t + \varepsilon_{2it} \qquad (5.1)$$

其中，i 表示第 i 个城市，t 表示第 t 年，flow_{it} 表示城市 i 第 t 年的劳动力净流出，D_t 是年份虚拟变量，ε_{2it} 是误差项。pm_{it} 表示城市 i 在第 t 年的空气污染水平，heat_i 表示城市 i 是否集中供暖，若是，赋值为 1，否则赋值为 0。X_{it} 是一组气候特征变量，包括降雨量、最低气温低于 0 度的天数。由于城市一些不可观测的因素可能影响劳动力的净流出，这里加入城市固定效应 λ_i 进行控制，以尽可能减少模型的内生性。

2. 空间面板模型

考虑到城市之间的相互影响，本章还将运用空间计量方法分析供暖、最低气温与劳动力净流入的关系。常见的 4 种空间计量模型是空间自回归模型（SAR）、空间误差模型（SEM）、空间自相关模型（SAC）和空间杜宾模型（SDM）。SDM 模型同时包含因变量的空间滞后项和自变量的空间滞后项，因此，与其他 3 种模型相比，能更全面地估计空间相关性对因变量的影响。LeSage 和 Pace（2009）对这 4 种模型的研究发现，只有 SDM 模型可以获得无偏估计结果。综上，基准空间面板模型为 SDM 模型：

$$\text{flow}_{it} = c_0 W \times \text{flow}_{it} + c_1\,\text{pm}_{it} + c_2\,\text{pm}_{it} \times \text{heat}_i + c_3 W \times \text{pm}_{it} +$$
$$c_4 W \times \text{pm}_{it} \times \text{heat}_i + c_5 Z_{it} + \lambda_i + D_t + \varepsilon_{2it} \qquad (5.2)$$

其中，W 表示空间权重矩阵。大量研究表明，城市之间的空间污染，尤其是扩散性污染物(例如空气污染)具有空间溢出效应(黄寿峰，2017；孙涵等，2017)，因此，这里加入了空气污染、空气污染交互项的空间滞后项，以避免遗漏变量偏差。Z_{it} 是一组城市层面的宏观经济变量，其他变量的设定和(5.1)式相同。

二、数据来源及变量说明

1. 因变量

劳动力净流出用年末户籍人口与年末常住人口的差值比户籍人口来衡量。本章采用的是 2000 年、2005 年、2010 年的数据，2000 年和 2010 年数据来自中国人口普查分县资料，2005 年数据基于 2005 年 1% 人口抽样调查微观数据计算得。

2. 核心自变量

空气污染用 PM2.5 浓度表示，PM2.5 比 PM10 的直径更小，能深入人体下呼吸道器官，引发疾病的可能性更高。PM2.5 的原始数据来自哥伦比亚大学社会经济数据和应用中心公布的地表 PM2.5 浓度(连续 3 个年度的均值)，本章基于中国地级市 shp 点文件，① 运用 Arcgis 软件提取各大城市 PM2.5 浓度数据。考虑到人口流动对空气污染的反应具有滞后项，本章将尽可能使用滞后期的空气污染数据。目前，可获得的最早 PM2.5 数据是 1998—2000 年的浓度均值，由于无法获得 1997—1999 年数据，本章将 1998—2000 年的 PM2.5 浓度均值与 2000 年的劳动力净流入相匹配。另外，将 2002—2004 年、2007—2009 年的 PM2.5 浓度均值分别与 2005 年、2010 年的劳动力净流入匹配。

3. 控制变量

(1)城市宏观经济变量包括人均 GDP 的对数、政府支出占 GDP 比重、外商直接投资占 GDP 比重、固定资产投资占 GDP 比重、第二产业占比(产业结构)，其中，外商直接投资按照相应年份的 GDP 换算成人民币价值。数据来自中国区

---

① PM2.5 数据下载地址：http：//sedac. ciesin. columbia. edu/。地级市 shp 点文件来自国家地理信息系统提供的 1：400 万地图。

域经济数据库以及中国城市数据库。

（2）城市气候特征变量包括降雨量、最低气温低于0度的天数、冬季平均最低气温。这些气候特征的原始数据来自美国国家海洋和大气治理局（National Oceanic and Atmospheric Administration，NOAA）。作者基于这些原始数据，借助Arcgis软件进行IDW插值处理，获得各个城市的气候数据。

第二节　劳动力净流出的实证结果：基于宏观数据

一、空气污染是否影响劳动力净流出：面板双向固定效应

表5.3报告了（5.1）式的回归结果。由表5.3可知，无论是否控制气候特征变量，空气污染的估计系数都显著为正，说明其他条件相同时，一个城市的空气污染加剧了该城市的劳动力净流出，这就从宏观层面再次证实了本书的假说1。进一步地，考虑到中国独有的南北差异化供暖对空气质量的影响，这里还加入了空气污染和集中供暖的交互项。从表5.1可知，各列的交互项的估计系数均不显著，说明空气污染和集中供暖之间无显著的交互效应。

表 5.1　面板固定效应的估计结果 1

	（1）	（2）	（3）	（4）
空气污染	0.0403**	0.0405**	0.0512**	0.0508**
	（2.15）	（2.13）	（2.33）	（2.32）
空气污染×供暖	0.0039	0.0005	−0.0076	−0.0073
	（0.17）	（0.02）	（−0.34）	（−0.33）
气候特征变量	NO	YES	NO	YES
城市固定效应	YES	YES	YES	YES
时间固定效应	YES	YES	YES	YES
样本量	853	853	853	853

注：括号内（）为 t 值，***、**、*分别代表在1%、5%、10%水平上显著。气候特征变量包括降雨量、最低气温低于0度的天数。

为减少遗漏变量带来的估计偏差，表5.2在表5.1的基础上，加入一组宏观经济变量。由表5.2可知，空气污染、空气污染与供暖交互项的系数符号、显著性和表5.1基本一致，说明回归结果稳健。这再次表明，城市的良好空气质量是减少劳动力净流出的显著性因素；尽管北方的冬季集中供暖可能导致了"供暖式雾霾"，但集中供暖并未作用于空气污染对劳动力净流出的正向影响。

表5.2　面板固定效应的回归结果2

	（1）	（2）	（3）	（4）
空气污染	0.0427*	0.0433**	0.0538**	0.0533**
	（1.96）	（1.97）	（2.20）	（2.18）
空气污染×供暖	0.0044	0.0003	−0.0068	−0.0066
	（0.17）	（0.01）	（−0.28）	（−0.27）
气候特征变量	NO	YES	NO	YES
宏观经济变量	YES	YES	YES	YES
城市固定效应	YES	YES	YES	YES
时间固定效应	YES	YES	YES	YES
样本量	718	718	718	718

注：括号内（）为 t 值，***、**、* 分别代表在1%、5%、10%水平上显著。宏观经济变量包括人均GDP对数、产业结构（第二产业与第三产业比值）、政府干预程度（财政支出占GDP比重）、外商直接投资占比、固定资产投资占比。

二、空气污染是否影响劳动力净流出：空间计量分析

1. 空间权重矩阵的构建与莫兰检验

考虑到城市之间的相互影响，本章还将运用空间计量方法分析供暖、最低气温与劳动力净流入的关系。在进行空间面板回归之前，首先，需要设定合理的空间权重矩阵。本章共构建5种权重矩阵。第1种是常见的空间邻接矩阵（W1），若城市 i 和城市 j 有共同的边界，元素设为1，否则设为0。第2种是地理距离空

间权重矩阵(W2)，其元素用城市之间地理距离的倒数表示。第 3 种是地理距离平方空间权重矩阵(W3)，其元素用城市之间地理距离平方的倒数表示。第 4 种是经济距离空间权重矩阵(W4)，其主对角线元素 w_{ii} 为 0，非主对角线元素 w_{ij} 是样本期间任意 2 个城市的人均 GDP 的绝对差值的倒数。第 5 种是经济地理空间权重矩阵(W5)，其主对角线元素 w_{ii} 设为 0，非主对角线元素 w_{ij} 基于引力模型得出，例如，设 y_i、y_j 分别是城市 i 和城市 j 的人均 GDP，d_{ij} 是城市 i 和城市 j 的地理距离，则 $w_{ij} = (y_i \times y_j)/d_{ij}$。

其次，运用上述空间权重矩阵，对各年份的劳动力净流入指标进行全局自相关检验，全局莫兰指数的 P 值均小于 0.05，说明劳动力净流入存在显著的空间相关性。

2. 空间杜宾模型的估计结果

表 5.3 报告了(5.2)式基于 272 个城市面板数据的空间杜宾模型固定效应估计结果，列 1 和列 2 使用空间邻接权重矩阵，列 3 和列 4 使用地理距离空间权重矩阵，列 5 和列 6 使用地理距离平方空间权重矩阵，列 1、列 3、列 5 中，解释变量的空间滞后项包括最低气温、最低气温与供暖的交互项、空气污染、空气污染与供暖的交互项，列 2、列 4、列 6 中，解释变量的空间滞后项只有空气污染、空气污染与供暖的交互项。各列都控制了时间固定效应和城市固定效应。由表 5.3 各列可知，空气污染的估计系数均显著为正、空气污染与供暖交互项的估计系数均为负，但都不显著，这和表 5.1、表 5.2 的结果一致，说明回归结果稳健。然而，空间滞后项的估计系数并没有表现出较为一致的显著性。

表 5.3 空间杜宾模型的估计结果-固定效应(SDM-FE)

	空间邻接权重		地理距离权重		地理距离平方权重	
	(1)	(2)	(3)	(4)	(5)	(6)
空气污染	0.0651***	0.0631***	0.0568***	0.0596***	0.0568***	0.0591***
	(3.47)	(3.39)	(3.06)	(3.23)	(3.07)	(3.20)

续表

	空间邻接权重		地理距离权重		地理距离平方权重	
	（1）	（2）	（3）	（4）	（5）	（6）
空气污染×供暖	−0.0114	−0.0113	−0.0060	−0.0117	−0.0065	−0.0108
	（−0.55）	（−0.54）	（−0.28）	（−0.57）	（−0.31）	（−0.53）
W×空气污染	−0.0690	−0.0623	0.4214 **	0.3763 *	0.0644	0.0424
	（−1.47）	（−1.31）	（2.02）	（1.94）	（1.28）	（0.81）
W×空气污染×供暖	0.1080 *	0.0907 *	0.0017	−0.0969	0.0121	0.0087
	（1.87）	（1.65）	（0.01）	（−0.40）	（0.19）	（0.14）
时间固定效应	YES	YES	YES	YES	YES	YES
城市固定效应	YES	YES	YES	YES	YES	YES
样本量	816	816	816	816	816	816

注：括号内（）为 t 值，***、**、*分别代表在1%、5%、10%水平上显著。

3. 估计效应分解

根据 Lesage 和 Pace（2009）的观点，当模型包含空间自相关项后，解释变量的估计系数不能视作解释变量对被解释变量的边际效应。本章运用 LeSage 和 Pace（2009）以及 Elhorst（2010a）的做法，对估计结果进行分解，得到各个解释变量对劳动力净流入的直接效应、间接效应和总效应，结果见表5.4。由表5.4可知，无论采用空间邻接权重矩阵，还是空间地理距离权重矩阵，或者空间地理距离平方权重矩阵，空气污染的直接效应都显著为正，说明一个城市的空气污染与该城市的人口净流出正相关，这和预期相符，说明空气质量水平越高，城市对人才的吸引力越大，反之则反，本书的假说1得到了宏观数据的实证支撑。空气污染的间接效应只有在地理距离权重矩阵下显著为正，说明两个城市距离越近，空气污染的空间溢出效应越大。

表5.5报告了空间自回归模型的效应分解结果。其中空气污染、空气污染与供暖的交互项无论在显著性上还是正负符号上，均和表5.4一致，说明表5.4的回归结果较为稳健。

表 5.4 空间杜宾模型的估计效应分解

模型类型：SDM-FE

	空间邻接权重			地理距离权重			地理距离平方权重		
	直接效应	间接效应	总效应	直接效应	间接效应	总效应	直接效应	间接效应	总效应
空气污染	0.0631***	−0.0612	0.0020	0.0575***	0.2339*	0.2914**	0.0582***	0.0369	0.0951*
	(3.45)	(−1.32)	(0.04)	(3.13)	(1.65)	(2.09)	(3.18)	(0.73)	(1.95)
空气污染×供暖	−0.0115	0.0867*	0.0752	−0.0108	−0.0677	−0.0785	−0.0104	0.0069	−0.0034
	(−0.55)	(1.68)	(1.27)	(−0.52)	(−0.42)	(−0.49)	(−0.50)	(0.12)	(−0.06)
样本量	816	816	816	816	816	816	816	816	816

注：括号内（）为 t 值，***、**、* 分别代表在 1%、5%、10% 水平上显著。

表 5.5 空间自回归模型的估计效应分解（SAR-FE）

模型类型：SAR-FE

	空间邻接权重			地理距离权重			地理距离平方权重		
	直接效应	间接效应	总效应	直接效应	间接效应	总效应	直接效应	间接效应	总效应
空气污染	0.0600***	−0.0024	0.0576***	0.0588***	−0.0036*	0.0552***	0.0611***	−0.0043*	0.0569***
	(3.33)	(−1.20)	(3.34)	(3.28)	(−1.74)	(3.28)	(3.39)	(−1.65)	(3.35)
空气污染×供暖	−0.0114	0.0006	−0.0108	−0.0117	0.0009	−0.0109	−0.0112	0.0009	−0.0103
	(−0.55)	(0.50)	(−0.54)	(−0.56)	(0.56)	(−0.56)	(−0.54)	(0.50)	(−0.53)
样本量	816	816	816	816	816	816	816	816	816

注：括号内（）为 t 值，***，**，* 分别代表在 1%，5%，10%水平上显著。

第三节　本章小结

本章用城市的劳动力净流出来衡量宏观层面的劳动力流动，先后建立面板双向固定效应模型和空间面板模型展开实证研究，结果发现：一个城市的空气污染是导致劳动力净流出的显著性因素；尽管北方的冬季集中供暖可能导致了"供暖式雾霾"，但集中供暖并未显著作用于空气污染对劳动力净流出的正向影响。

第四章实证分析了城市的空气污染对劳动力微观个体是否离乡的影响，并为假说1提供了一个微观层面的数据支撑。本章则进一步分析了城市的空气污染对城市的劳动力净流出的影响，并为假说1提供了一个宏观层面的数据支撑。第四章和第五章分别从微观和宏观两个层面证实了空气污染治理对提升城市人才吸引力的重要作用，从而为地方政府的污染防治提供内生性的驱动力。在属地化环境管理体制下，地方政府是空气污染治理的责任主体，约谈什么就治理什么、督察什么就响应什么等被动式治理现象屡见不鲜。这反映出，依靠中央政府行政力量推动地方空气污染治理在短期内可能有效，在长期却存在着先天性不足。因此，如何提升地方政府治理污染的内在动力是一个现实问题。第四章和第五章的研究表明，卓有成效的污染治理实际上也是人力资本的一种间接投资，这就从人才引进的角度为污染防治工作提供了根本性驱动力，也为地方政府在污染治理和经济高质量发展、行政力量推动与市场机制激励之间找到合适的平衡点，并为习总书记"绿水青山就是金山银山"的战略思想作出了一种新的解读。

◎ 本章参考文献

[1]安虎森.新经济地理学原理[M].经济科学出版社，2009.

[2]陈强，孙丰凯，徐艳娴.冬季供暖导致雾霾？来自华北城市面板的证据[J].南开经济研究，2017(4)：25-40.

[3]黄寿峰.财政分权对中国雾霾影响的研究[J].世界经济，2017(2)：26.

[4]王丽艳，马光荣.帆随风动、人随财走？——财政转移支付对人口流动的影响[J].金融研究，2017，448(10)：18-34.

[5]杨晓军.城市公共服务质量对人口流动的影响[J].中国人口科学，2017

（2）：11.

[6]张莉，何晶，马润泓. 房价如何影响劳动力流动［J］. 经济研究，2017，52（8）：155-170.

[7]Almond D，Chen Y，Greenstone M，et al. Winter Heating or Clean Air? Unintended Impacts of China's Huai River Policy［J］. American Economic Review，2009，99（2）：184-190.

[8]Berk R，David Rauma. Capitalizing on Nonrandom Assignment to Treatments：A Regression-Discontinuity Evaluation of a Crime-Control Program［J］. Publications of the American Statistical Association，1983，78（381）：21-27.

[9]Forslid R，Ottaviano G. An Analytically Solvable Core-periphery Model［J］. Journal of Economic Geography，2003，3（3）：229-240.

[10]Halleck Vega，Sol Maria，Elhorst J P. The SLX model：Extensions and the Sensitivity of Spatial Spillovers to W［J］. Papeles de Economia Espanola，2017，152：34-50.

[11]Lemieux T，Lee D S. Regression Discontinuity Design in Economics［J］. Journal of Economic Literature，2010，48（2）：281-355.

[12]Andersson F，Forslid R. Tax Competition and Economic Geography［J］. Journal of Public Economic Theory，2003，5（2）：279-303.

[13]Black S E. Do Better Schools Matter? Parental Valuation of Elementary Education ［J］. Quarterly Journal of Economics，1999，114（2）：577-599.

[14]Dell M. The Persistent Effects of Peru's Mining Mita［J］. Econometrica，2010，78（6）：1863-1903.

[15]Lesage J P，Pace R K. Introduction to Spatial Econometrics［M］. CRC Press，2009.

第六章　空气污染对劳动力流向的影响

第三章是构建包含空气污染的 NGE 模型，经过均衡分析和数字模拟，提出了本书的五个理论假说。第四章、第五章、第六章、第七章围绕第三章的理论假说展开了较为丰富的实证工作，其中，第四章和第五章聚焦在空气污染对劳动力是否流动的影响，并分别从微观层面和宏观层面验证了假说 1 和假说 2，第六章聚焦在空气污染对流动劳动力的区位选择的影响，即对于离开家乡的流动劳动力，空气污染是否影响了劳动力的流向？进一步地，第七章分析空气污染如何影响劳动力的流向。第三章的假说 3、假说 4 和假说 5 是第六章和第七章实证分析的理论基础。

目前国内外基于微观数据的实证研究大多数把焦点放在第一个问题上，即劳动力是否流动。至于第二个问题(劳动力流向)，即使一些文献有所提及，但其实际工作则是着眼于劳动力是否流动，而不是劳动力的区位选择。其可能的原因是，针对第一个问题，所需的计量模型设计相对简单。通常而言，若劳动力选择离开家乡，则赋值为 1，否则赋值为 0，并建立 Logit 模型或者 Probit 模型，进行二元选择回归。如果在此基础上进行改进，则可以对不流动的劳动力赋值为 0，省内流动的劳动力赋值为 1，跨省流动的劳动力赋值为 2，并建立多元 Logit 模型或者多元 Probit 模型，本书的第四章也进行了类似的操作。然而，这种计量操作上的改进仍然不能处理第二个问题。

由于第二个问题要解决劳动力在众多个备选的流入地中选择流向哪个流入地的问题，需要我们考虑到不同流入地的特征如何影响劳动力的决策，而二元或多元 Logit、Probit 模型虽可以加入流出地信息，但在技术上不允许加入流入地信息。幸运的是，Mcfadden(1974)提出的条件 Logit 模型可以解决这一技术难题，从而为本书研究空气污染对劳动力流向的影响提供了可行的计量技术。

Tiebout(1956)提出的"用脚投票"理论表明，公共服务水平是影响劳动力迁移决策的重要因素，而且较多国家的数据均支持这一观点。然而，在中国社会，受到户籍制度及户籍差异带来的各种不平等待遇的影响，"用脚投票"理论在中国是否成立尚存在争议。夏怡然和陆铭(2015)基于劳动力个体数据的研究表明，公共服务水平显著影响了劳动力的流向。张莉等(2017)基于微观数据的实证研究发现，房价与劳动力流向存在"倒U形"关系。现有文献就空气污染的负面影响展开了大量而广泛的研究，目前学术界基本上已达成共识，即空气污染不仅威胁着人类健康，也造成了巨大的经济损失。然而，很少有学者关注空气污染与劳动力流向(区位选择)的关系。户籍制度对劳动力流动的阻碍作用已被大量研究证实，在户口限制逐步放宽的现实背景下，研究劳动力流向的影响因素不仅可以为户籍制度改革以及城镇化建设提供新的思路，也有利于制定引导劳动力流动的合理政策。

据此，一个重要的问题是，空气污染是否左右了劳动力的区位选择？流动劳动力为什么在众多的备选城市中流向了某一个特定的城市？中国的空气污染与劳动力流向的经验研究是否支持 Tiebout 的用脚投票理论？大规模的高铁建设在缩短区际交通时间的同时，是否影响了劳动力流向？关于上述问题，本章和下一章使用中国劳动力动态调查 CLDS 数据进行了较为详尽而深入的探讨。

和本章的思路较为接近的文献有三篇，且只有 2 篇文献研究劳动力的国内迁移，另外 1 篇讨论的是劳动力的跨国迁移。第一，肖挺(2016)基于 2004—2012 年中国各大城市的面板数据，实证分析了空气质量对各城市劳动人口流动所造成的影响，结果表明：污染排放的确会在一定程度上造成人口流失。但该研究采用各城市的劳动从业人口来衡量劳动力流出，因而严格意义来说，其结论不能理解为空气污染对劳动力净流出或净流入的影响。另外，该研究用各城市的 PM10、二氧化硫以及二氧化氮三种指标数据之和来表征空气污染水平，这种做法可能欠妥。第二，Chen 等(2017)基于 2000 年、2010 年的人口普查数据以及 2005 年 1% 人口抽样调查数据，构建一个县级层面的人口净流出面板数据，研究认为，空气污染是推动中国人口流动的显著性因素。上述两篇文献分别从城市层面和县级层面证明了空气污染与劳动力流动的负向关联，为本书顺利开展微观数据的实证研究奠定了一个良好的基础。但这2篇文献采用的均为地区层面的宏观数据，此时劳动力流动数据是成千上万个劳动力区位选择行为的加总，因而默认所有的劳动力对空气污染的反应是相同的，忽略了劳动力的异质性行为，这显然背离了实际情况，而且这2篇文献的主要工作是实证分析，均未涉及劳动力流向(区位选择)的理论研究。第三，Qin和Zhu(2018)用网民在百度搜索引擎上对"移民"关键词的搜索趋势来衡量人们的国际移民意愿，将2014年153个城市的空气质量指数(AQI)的日数据与城市层面"移民"关键词的百度指数日数据相配，考察空气质量对国际移民意愿的影响，结果发现，AQI指数每增加100个点，次日"移民"关键词的百度指数提高了2.3%~4.7%。然而，该文献使用的是地级市层面数据，未能从微观角度分析空气污染对个体国际移民意愿的影响。此外，各城市的互联网普及程度不尽相同，单纯从"移民"的百度指数来定义移民意愿，则忽略了城市网民基数、城市之间互联网发展水平的差异。

本章针对已经离开家乡的流动劳动力群体，建立条件Logit模型，探讨劳动力为什么选择流向某一个特定的城市，即备选城市的哪些特征吸引劳动力流入，这里重点考察流入地城市的空气污染对劳动力流入的影响。本章接下来的结构安排如下：第一节是实证模型设定与数据说明，第二节报告了空气污染对劳动力流向的影响的实证结果，包括基准回归和各类稳健性检验，第三节是克服了空气污染内生性和空气污染的空间扩散性后的回归结果，第四节是计数模型的估计结果，第五节是本章小节，最后是本章参考文献。

第一节　实证模型设定与数据说明

一、实证模型设定

劳动力流动可细分为两步。第一步，劳动力是否离开家乡？理论上讲，离开家乡的劳动力则成为流动型劳动力。第二步，对于已经决定离开家乡的劳动力，劳动力在全国众多可供选择的城市(区位)中，选择流向哪一个城市？第一步针对所有的劳动力，无论劳动力是否流动。处理这一步的计量操作相对简单，详见本书的第四章和第五章。第二步仅针对流动劳动力，考察的是流动劳动力的区位选择问题，即劳动力的流向，这里的研究对象是流动劳动力（本章和第七章）。

在诸多城市中，劳动力为什么选择了某一个特定的城市？当任意流动劳动力 m 选择流入的城市为 j 时，其间接效用函数为 V_{mj}，劳动力总是流向效用最大化的城市。基于理论假说 1，我们加入城市 j 的空气污染变量，流动劳动力实现效用最大化的条件可表示为：

$$\max V_{mij} = a_0 \text{poll}_j + a_1 X_j + a_2 Z_{ij} + \varepsilon_{mij} \ (m = 1, 2, \cdots, M, \ i = 1, 2, \cdots, I,$$
$$j = 1, 2, \cdots, J) \tag{6.1}$$

其中，M 表示流动劳动力总量，i 表示劳动力流动之前的居住城市，I 表示流出地城市总数，J 表示可供劳动力选择的城市总数，poll_j 表示劳动力 m 在 J 个城市中选择的城市 j 的空气污染，X_j 是劳动力 m 在 J 个城市中选择的城市 j 的一组特征变量，包括公共服务水平、人均 GDP、平均工资、固定支出投资、第二产业占比、失业率、铁路客运量等。Z_{ij} 是由流入地和流出地共同决定的变量，包括流入地流出地的距离、是否跨省流动（是 = 1）。

每个劳动力都面临着 J 个方案，即每个劳动力都可以选择 J 个城市中的某一个城市，则实际观测数为劳动力个数与城市样本数的乘积 $M \times J$。根据（6.1）式求得劳动力 m 选择某一城市 j 的概率为：

$$P(\text{choice}_m = j \mid \text{poll}, X, Z) = \frac{\exp(a_0 \text{poll}_j + a_1 X_j + a_2 Z_{ij})}{\sum_{j=1}^{J} \exp(a_0 \text{poll}_j + a_1 X_j + a_2 Z_{ij})} \tag{6.2}$$

本章运用 McFadden（1974）提出的条件 Logit 模型来估计（6.2）式中的参数 a_0、a_1。进一步地，为了验证假说 4，本章在（6.2）式的基础上加入空气污染的平方项，求得劳动力 m 选择城市 j 的概率为：

$$P(\text{choice}_m = j \mid \text{poll}, X, Z) = \frac{\exp(\beta_0 \text{poll}_j + \beta_1 \text{poll}_j^2 + \beta_2 X_j + \beta_3 Z_{ij})}{\sum_{j=1}^{J} \exp(\beta_0 \text{poll}_j + \beta_1 \text{poll}_j^2 + \beta_2 X_j + \beta_3 Z_{ij})}$$

$$\tag{6.3}$$

其中，poll_j^2 为空气污染的平方项，我们根据条件 Logit 模型估计（6.3）式中的参数 β_0、β_1、β_2。

二、数据来源及变量说明

1. 微观数据

本章使用的微观数据有两套，一套是中国劳动力动态调查（CLDS）数据，另外一套是 2005 年 1% 人口抽样调查数据。本章以中国劳动力动态调查（CLDS）2012 年、2014 年和 2016 年个人问卷数据作为主要的微观数据，2005 年 1% 人口抽样调查数据作为辅助性的微观数据，用于稳健性检验。CLDS 的调查对象是 15~64 岁的劳动力，该调查详细记录了劳动力的跨县市流动经历。更为重要的是，CLDS 数据是可获得的劳动力微观数据中，少见的同时包括流出地和流入地的地理信息的数据，因而能够通过地理位置信息将城市污染数据与微观个体相匹配，从而满足了本章的数据要求。考虑到最近一次的迁移经历最能反映劳动力目前的状态，借鉴张莉等（2017）、张海峰等（2019）的做法，本章将劳动力最近一次跨县市流动的年份作为劳动力的迁移年份。经过筛选和数据清洗，共得到 5262 个流动劳动力样本，其中，1862 个样本来自 CLDS2012，1530 个样本来自 CLDS2014，1870 个样本来自 CLDS2016。这些劳动力的迁移年份跨越了从 1999 年到 2016 年间的 18 个年份，其流动范围覆盖了珠三角、京津冀、长三角等主要人口流入地。

表 6.1 报告了全样本和不同迁移年份子样本的劳动力个体特征。其中，受教育程度分为 4 档，小学及以下 = 1，初中 = 2，高中 = 3，大专及以上 = 4；健康水平分为 5 档，从 1 到 5 表示非常不健康到非常健康；本地方言水平分为 5 档，从 1 到 5 表示"完全不会"到"完全掌握"；长相分为 10 档，从 1 到 10 表示"最不好看"到"最好看"。从表 6.1 可知，劳动力平均受教育程度在不同迁移年份子样本中存在较大差异，全样本中均值为 2.37，高等教育群体占 22%，迁移年份为 1999—2004 年的子样本中为 2.22，高等教育群体仅为 17%，迁移年份为 2005—2010 年的子样本中为 2.38，高等教育群体和全样本持平，迁移年份为 2011—2016 年的子样本中为 2.5，高等教育群体上升至 25%。表 6.1 还表明，健康水平、户籍、方言在不同迁移年份子样本中也存在明显差异。由此可见，不同迁移年份的劳动力特征具有异质性，在实证分析中，还需要考虑迁移年份的变化对估计结果的影响（见表 6.4）。

表 6.1 流动劳动力个人特征：按照迁移年份分组

子样本按迁移年份分组 变量	全样本：1999—2016 年			1999—2004 年			2005—2010 年			2011—2016 年		
	观测量	均值	标准差	观测量	均值	标准差	观测量	均值	标准差	观测量	均值	标准差
性别(男性=1)	5262	0.48	0.5	1446	0.47	0.5	2178	0.48	0.5	1638	0.48	0.5
受教育程度	5112	2.37	1.1	1393	2.22	1.07	2099	2.38	1.11	1620	2.5	1.08
接受高等教育	5112	0.22	0.41	1393	0.17	0.38	2099	0.22	0.42	1620	0.25	0.43
健康水平	5259	3.86	0.88	1445	3.78	0.9	2176	3.87	0.88	1638	3.91	0.86
户籍类型(非农=1)	5243	0.23	0.42	1439	0.26	0.44	2174	0.25	0.43	1630	0.19	0.39
本地方言水平	2502	3.43	1.55	617	3.6	1.5	1020	3.48	1.53	865	3.25	1.59
长相	5159	6.54	1.51	1412	6.46	1.48	2132	6.56	1.52	1615	6.59	1.5

注：受教育程度分为 4 档，小学及以下=1，初中=2，高中=3，大专及以上=4；健康水平分为 5 档，从 1 到 5 表示非常不健康到非常健康；本地方言水平分为 5 档，从 1 到 5 表示"完全不会"到"完全掌握"；长相分为 10 档，从 1 到 10 表示"最不好看"到"最好看"。

2. 空气污染与城市特征变量

（1）空气污染。由于 PM2.5 比 PM10 的直径更小，能深入人体下呼吸道器官，引发疾病的可能性更高（秦蒙等，2016），本章将 1999—2016 年地级市的 PM2.5 年浓度作为空气污染的衡量指标。其原始数据来自哥伦比亚大学社会经济数据和应用中心公布的，基于遥感卫星监测的地表 PM2.5 浓度的栅格数据。关于空气污染指标，有两点需要说明：①空气污染的第 1 个衡量指标随着劳动力的流动年份的变化而变化，空气污染差值的两个指标和劳动力的流动年份以及流出地有关，流入地流出地的地理距离、跨省流动这两个变量由流出地和流入地共同决定。由于不同劳动力的流出地和流动年份不尽相同，上述 5 个变量在理论上的观测值为 5262×153（劳动力数量×城市个数），但后 4 个变量存在缺失值，实际观测量小于理论值。②本章基于国家基础地理信息中心系统提供的 1:400 万地图中地级市 shp 点文件，运用 Arcgis 软件从全球 PM2.5 年浓度的栅格数据中提取1999—2016 年各个地级市的 PM2.5 浓度数据。

（2）城市特征变量。①流出地流入地的地理距离、到区域中心城市的最短距离以及到全国经济中心城市的最短距离基于中国地级市的 shp 点文件，运用Arcgis 软件测得。②城市生态健康指数来自张海峰等（2019），经过数据清洗和匹配，共有 66 个城市的生态健康指数可供本章使用。③在早期的蒂伯特假说的相关研究中，公立学校的生均教育支出经常作为学校质量的度量指标（Oates，1969），还有较多的学者将地方公共服务支出作为公共服务的衡量指标（Nechyba and Strauss，1998；Dahlberg et al.，2012）。不过，公共服务支出不能准确刻画劳动力实际享受到的公共服务质量。夏怡然和陆铭（2015）的研究表明，公共服务水平是劳动力进行区位选择时重点考虑的一大因素。参考夏怡然和陆铭（2015）的做法，本章从教育水平和城市绿化两方面来刻画公共服务水平，教育水平用全市普通高等学校数来衡量，城市绿化用建成区绿化覆盖率来衡量。

（3）其他需要说明的情况。①为了消除异方差对回归结果的干扰，空气污染、收入资、铁路客运量、流入地流出地的距离、到全国经济中心城市的最短距离、到区域中心大城市的最短距离、房价均取对数形式。②其他未经特殊说明的城市特征变量来自中国城市数据库、中国区域经济数据库、历年《中国统计年鉴》和 EPS 数据平台等。③与时间有关的经济变量均进行消除通胀的处理。主要城市特征变量的计算方法、数据来源和描述性统计详见表 6.2。

表 6.2 主要城市特征变量的测量方法与描述性统计

变量	测量方法	观测量	均值	标准差	最小值	最大值
空气污染	①劳动力最近一次迁移年份的滞后一期的备选流入地 PM2.5(单位是 μg/m³,下同)	805086	33.94	16.23	1.37	89.28
	②流入地 1999—2016 年的 PM2.5 均值	153	33.83	14.68	4.88	70.82
	③流入地 1998—2014 年的 PM2.5 均值	153	32.99	14.08	4.77	68.52
	④流入地 2000—2016 年的 PM2.5 均值	153	34.35	15.04	4.94	72.14
	⑤流入地 2006—2014 年的 PM2.5 均值	153	37.1	16.41	5.09	75.97
	⑥流入地 2008—2014 年的 PM2.5 均值	153	36.5	16.08	5.2	74.96
空气污染差值	①绝对差值:劳动力最近一次迁移年份的滞后一期的流入地空气污染减去同一年流出地空气污染	802332	0.31	20.61	−86.09	83.34
	②重新赋值:流入地空气污染>流出地空气污染,差值为1;流入地空气污染<流出地空气污染,差值为−1;否则,差值为0	802332	0.0045	1.00	−1	1
流入地流出地的地理距离	备选流入地与流出地的地理距离(千米)	659050	1220	757.9	0	4314.8

变量	测量方法	观测量	均值	标准差	最小值	最大值
跨省流动（是=1）	流入地与流出地属于不同省份	805086	0.95	0.22	0	1
城市生态健康指数	14个三级指标加权计算得（2008—2014年）	66	0.81	0.03	0.74	0.88
房价	商品住宅平均销售价格（元/平方米）	142	3568.6	2370.4	1459.8	15465
公共服务水平	①全市普通高等学校数（所）	142	10.62	16.8	0	85.78
	②建成区绿化覆盖率（%）	142	36.13	6.81	2.43	47.98
收入水平	人均可支配收入（元/人）	142	16969	4968.6	10172	33830
城市规模	城区人口（万人）	142	136.59	246.65	11.34	2041.7
城市区位特征	①到全国中心城市的地理距离：到北上广深的最短地理距离（千米）	142	595.84	391.9	0	2490.5
	②到区域中心城市的地理距离：到最近的直辖市、副省级城市、省会城市的最短地理距离（千米）	142	123.85	91.66	0	373.71
	③流入地为省会城市（是=1）	153	0.14	0.35	0	1

第二节　劳动力区位选择的实证结果

一、空气污染是否影响劳动力流向：基准回归

1. 空气污染取年度段均值

条件 Logit 模型成立的前提是满足无关选项独立性假设（IIA），本章对条件

Logit 回归采用的全部数据进行 Hausman-Mcfadden 检验，检验结果均不能拒绝 IIA 的原假设，这说明使用条件 Logit 模型是可行的。表 6.3 报告了条件 Logit 模型的基准回归结果。其中，随时间而变化的城市变量使用均值形式。为了避免选取单一时间段的均值造成的主观偏差，表 6.3 采用了三个代表性的时间段。列 1 和列 3 为 1998—2014 年的均值，列 2、列 5、列 6 和列 7 为 2006—2014 年的均值，列 4 为 2000—2016 年的均值。

需要注意的是，条件 Logit 模型估计系数不能直接解释为边际效应，但可以通过系数的正负符号来判断作用力的影响方向，也可根据回归系数计算出每个方案被选中的概率。

表 6.3 列 1 和列 2 只加入了空气污染变量，而未加入空气污染的平方项。列 1 和列 2 中，空气污染的估计系数都显著为负，说明空气污染总体而言不利于劳动力流入。以列 2 为例，备选城市的空气污染对数每上升一个百分点，则该城市被选中的概率将下降 20.52%（$1-e^{-0.2297}$）。这很好地支持了本书的假说 1（见第三章）。

为了验证假说 4，列 3—列 7 均加入空气污染的平方项。各列均控制了城市区位特征变量和省区固定效应，为检验结果的稳健性，列 6 包含了公共服务水平、房价、城市规模，列 7 在列 6 基础上还加入了收入水平。由列 3—列 7 可知，无论均值的测算范围怎样变动，空气污染的系数均显著为正，空气污染平方项的系数均显著为负，说明在空气污染程度到达拐点之前，某一城市空气质量的下降吸引劳动力流向该城市，在空气污染程度到达拐点之后，该城市空气质量的继续下降则成为劳动力流向该城市的阻力。这其中蕴含的逻辑是：早期空气污染水平的上升是与经济发展相伴而生的，人们在选择流入该城市时更重视收入回报、发展机会等经济因素，较少关注空气污染因素。从历史的角度来看，各城市虽然主要采取了以牺牲环境换经济增长的发展模式，但依然吸引了大量的劳动力流入。然而，随着经济发展水平的提高，人们更加注重生活环境和空气质量，此时，流入地城市的空气污染水平持续上升将减弱劳动力选择该城市的概率，从而阻止了劳动力的流入。

表 6.3　平均空气质量对劳动力流向（区位选择）的影响：城市变量取均值

	1998—2014 年	2006—2014 年	1998—2014 年	2000—2016 年	2006—2014 年		
	(1)	(2)	(3)	(4)	(5)	(6)	(7)
空气污染	-0.1866*	-0.2297**	8.0077***	6.6807***	6.0916***	7.5657***	5.7973***
	(-1.68)	(-2.05)	(5.96)	(4.91)	(4.43)	(5.06)	(3.83)
空气污染平方项			-1.1814***	-0.9750***	-0.8822**	-0.9975**	-0.7751**
			(-6.12)	(-5.05)	(-4.61)	(-4.84)	(-3.71)
流入地流出地距离	-0.7056***	-0.7055***	-0.7075***	-0.7071***	-0.7063**	-0.7294**	-0.7457**
	(-70.18)	(-70.18)	(-70.04)	(-70.07)	(-70.10)	(-69.15)	(-68.35)
跨省流动(是=1)	-2.1005***	-2.1021***	-2.0976***	-2.0944***	-2.0991**	-2.1492**	-2.1214**
	(-32.73)	(-32.74)	(-32.71)	(-32.68)	(-32.73)	(-32.10)	(-31.32)
城市区位特征变量	全部控制	全部控制	全部控制	全部控制	全部控制	全部控制	全部控制
其他城市特征变量	否	否	否	否	否	部分控制	全部控制
省区固定效应	是	是	是	是	是	是	是
观测量	580352	580352	580352	580352	580352	580352	580352
城市数量	153	153	153	153	153	153	153
个体数量	5262	5262	5262	5262	5262	5262	5262
chi2	22682	22683	22720	22707	22705	23163	23257
Pseudo R^2	0.516	0.516	0.516	0.516	0.516	0.516	0.516
倒 U 形检验下限斜率			4.3178***	3.5654***	3.2210***	4.3200***	3.2751***
			(5.80)	(4.76)	(4.25)	(5.21)	(3.90)
倒 U 形检验上限斜率			-1.9796***	-1.6629***	-1.5489***	-1.0730***	-0.9157***
			(-6.30)	(-5.28)	(-5.04)	(-3.36)	(-2.85)

	1998—2014 年	2006—2014 年	1998—2014 年	2000—2016 年	2006—2014 年		
	（1）	（2）	（3）	（4）	（5）	（6）	（7）
倒 U 形检验总体 t 值			5.80	4.76	4.25	3.36	2.85

注：①括号内（ ）为 t 值，＊＊＊、＊＊、＊分别代表在 1%、5%、10% 水平上显著。②城市区位特征变量包括省会、到北上广深的地理距离、到最近的大城市地理距离，其他城市特征变量包括房价、公共服务（全市普通高等学校数、建成区绿化覆盖率）、城市规模、收入等。③为了消除异方差，本章对二元分类变量之外的变量均取对数形式。④理论上来讲，观测量为城市数量×样本个数（即 153×5262），但实际回归过程中，stata15.0 软件自动删除一些存在多重共线性的观察值，因此，实际观察点数量小于理论观测量。此外，一些城市特征变量的数据缺失也造成少量的样本量损失。

2. 倒 U 形检验

然而，仅根据二次项的系数正负符号仍然不能确定空气污染的拐点落在了样本取值范围内，因此不能准确判断是否存在"倒 U 形关系"。本章还进行了倒 U 形检验，如表 6.3 下半部分所示。列 3—列 7 的倒 U 形检验结果共同显示，在空气污染的最低点，空气污染对劳动力区位选择的作用力为正，在空气污染的最高点，作用力转为负，且总体 t 值均大于 1.96，则可以拒绝"不存在倒 U 形关系"的原假设，空气污染与劳动力区位选择的确存在倒 U 形关系。至此，假说 3 得证。

二、空气污染是否影响劳动力流向：考虑时间因素

表 6.3 考察的是空气污染的年均值对劳动力区位选择的影响，实际上无论是个体层面还是城市层面的特征变量在不同年份都显著不同。个体层面上，流动劳动力的受教育程度、健康水平随着迁移年份的推移而显著上升（见表 6.1）。城市层面上，1999-2004 年的 PM2.5 均值为 28.14μg/m³，1998—2014 年的 PM2.5 均值为 32.99μg/m³，2006—2014 年的 PM2.5 均值则上升至 37.1μg/m³，说明平均

空气污染程度随着所选取时间段的推移而不断加重。因此，忽略时间因素会导致估计结果偏差。考虑到不同迁移年份的劳动力面临的空气污染程度的差异，本章根据不同劳动力的迁移年份，将迁移年份滞后一期的空气污染等城市变量数据和微观数据的备选流入城市进行匹配。这意味着，匹配后的空气污染等城市变量由备选城市和劳动力迁移年份来共同决定，同一个备选城市的空气污染对于迁移年份不同的劳动力不再是一个固定的均值，而是和迁移年份的滞后一期相匹配，因而更接近现实情况。本章基于匹配数据进行条件 Logit 回归所得到的结果，相较于使用年度段均值数据的结果更准确，具体结果见表 6.4。

表 6.4　空气污染对劳动力流向(区位选择)的影响：城市变量和迁移年份滞后一期匹配

回归编号	(1)	(2)	(3)	(4)	(5)
空气污染	−0.2203**	2.7196***	1.8406***	1.8130**	4.0646***
	(−2.34)	(6.98)	(3.40)	(2.36)	(2.70)
空气污染平方项		−0.4573***	−0.3044***	−0.2959***	−0.5582***
		(−7.73)	(−3.78)	(−2.66)	(−2.67)
流入地流出地距离	−0.7056***	−0.6032***	−0.6744***	−0.7056***	−0.7469***
	(−70.21)	(−72.69)	(−72.23)	(−70.18)	(−54.86)
跨省流动(是=1)	−2.1020***	−1.7979***	−2.1811***	−2.1029***	−2.0722***
	(−32.76)	(−36.54)	(−35.06)	(−32.77)	(−24.32)
城市区位特征变量	全部控制	控制省会	控制省会	全部控制	全部控制
其他城市特征变量	否	否	否	否	全部控制
省区固定效应	是	否	是	是	是
观测量	580352	649842	649842	580352	359296
城市数量	153	153	153	153	153
个体数量	5262	5262	5262	5262	5262
chi2	22685	20486	23681	22692	14351
Pseudo R^2	0.516	0.484	0.516	0.516	0.527
倒 U 形检验下限斜率		1.6473***	1.6250**	4.7156***	3.7101**
		(3.36)	(2.32)	(3.47)	(2.70)

回归编号	（1）	（2）	（3）	（4）	（5）
倒 U 形检验上限斜率		−0.8936***	−0.8451***	−1.1455***	−0.9496**
		（−4.30）	（−3.35）	（−2.86）	（−2.35）
倒 U 形检验总体 t 值		3.36	2.32	2.86	2.35
空气污染拐点		2.97	3.02	3.06	3.64

注：①括号内（ ）为 t 值，***、**、*分别代表在1%、5%、10%水平上显著。②城市区位特征变量包括省会、到北上广深的地理距离、到最近的大城市地理距离，其他城市特征变量包括房价、公共服务（全市普通高等学校数、建成区绿化覆盖率）、城市规模、收入等。③为了消除异方差，本章对二元分类变量之外的变量均取对数形式。④理论上来讲，观测量为城市数量×样本个数（即153×5262），但实际回归过程中，stata15.0软件自动删除一些存在多重共线性的观察值，因此，实际观察点数量小于理论观测量。此外，一些城市特征变量的数据缺失也造成少量的样本量损失。

从表6.4可知，若不考虑空气污染的平方项，则空气污染对劳动力流入的总体影响为负。加入空气污染平方项后，不论是否控制省区固定效应，不论是否控制了全部的城市特征变量，空气污染的系数都显著为正，空气污染平方项的系数都显著为负，这和表6.3完全一致。而且，表6.4列2—列5底部的倒 U 形检验共同表明，考虑到时间因素的影响后，空气污染和劳动力流入的倒 U 形关系仍然成立。表6.4最后一行列出了拐点值，列5的拐点为3.64，这意味着，若某备选城市第 t 年的 PM2.5 年浓度低于 $38.09\mu g/m^3$（ $e^{3.64}$ ），[①] 则该城市在第（t+1）年被选择流入的概率呈上升趋势，若某备选城市第 t 年的 PM2.5 年浓度高于 $38.09\mu g/m^3$，则该城市在第（t+1）年被选择流入的概率呈下降趋势。因此，考虑时间因素后假说1和假说4仍然成立。

① 中国生态环境部（原环境保护部）2012年2月29日发布的《环境空气质量标准》规定，居住区的 PM2.5 年浓度限值不得超过 $35\mu g/m^3$（2018年《环境空气质量标准》的修订主要涉及监测状态规定与配套监测方法标准，并未涉及污染物项目及限值）。依此来看，本研究得到的拐点值 $38.09\mu g/m^3$，与我国的现实情况基本相符。

三、空气污染是否影响劳动力流向：控制城市生态指数

为了更为准确地识别出空气污染对劳动力流入的影响，本章还控制了城市生态健康水平这一因素，如表6.5所示。既有研究表明，城市生态健康水平的提升有利于吸引劳动力资源。城市生态健康指数包括生态环境、生态社会和生态经济共三个二级指标，其中，生态环境指标由5个三级指标(森林覆盖率、空气质量优良天数、河湖水质、人均绿地面积、生活垃圾无害化处理率)加权而成。那么，到底是生态健康指数的哪些构成指标影响了劳动力的区位选择？尚未有文献展开讨论。在表6.5中，列2和列3加入了城市生态健康指数，其估计系数显著为正，这和张海峰等(2019)的结果一致。列2和列3中空气污染的系数显著为正，空气污染平方项的系数显著为负，同时，从表6.5底部的倒U形检验结果来看，不论是否加入城市生态健康指数，下限斜率均显著为正，上限斜率均显著为负，总体 t 值均超过1.96。此结果充分说明，在排除了生态健康水平这一因素对回归结果的干扰后，空气污染和劳动力区位选择仍然存在倒U形关系，假说4再次被证实。

表6.5　空气污染对劳动力流向(区位选择)的影响：控制城市生态指数

	（1）	（2）	（3）
空气污染	7.2284***	17.5203***	17.3654***
	（5.18）	（7.16）	（6.29）
空气污染平方项	−1.0443***	−2.3507***	−2.3300***
	（−5.37）	（−7.03）	（−6.19）
城市生态健康指数		17.2373***	12.0254***
		（15.04）	（8.10）
流入地流出地距离	−0.7068***	−0.6520***	−0.6614***
	（−70.09）	（−40.66）	（−40.46）
跨省流动(是=1)	−2.0972***	−2.5006***	−2.4447***
	（−32.72）	（−31.45）	（−30.54）

续表

	（1）	（2）	（3）
城市区位特征变量	全部控制	控制省会	全部控制
其他城市特征变量	否	否	否
省区固定效应	是	是	是
观测量	580352	197406	197406
Pseudo R^2	0.528	0.505	0.505
倒 U 形检验下限斜率	3.7840	9.7672	9.6805
	(5.00)	(7.24)	(6.36)
倒 U 形检验上限斜率	−1.7882	−2.7753	−2.7515
	(−5.75)	(−5.86)	(−5.29)
倒 U 形检验总体 t 值	5.00	5.86	5.29

注：由于目前可获取的城市生态健康指数为 2008—2014 年的均值，为了保证变量统计口径在时间维度上的一致性，表中随时间变化的城市层面变量均取 2008—2014 年的均值。其他注释和表 6.3 相同。

四、空气污染是否影响劳动力流向：考虑家乡的空气污染

上述结果表明，流入地被劳动力选中的可能性和流入地的空气质量成倒 U 形关系。那么，一个值得进一步思考的问题是：流出地的空气质量是否也会影响劳动力的区位选择。为了避免双向因果关系带来的内生性问题，这里仍然选取空气污染的前定变量，基于劳动力最近一次的迁移年份，结合 CLDS 数据中流入地和流出地的城市地理信息进行数据匹配，具体操作过程和表 6.5 类似。经过匹配，得到迁移年份滞后一期的流入地空气污染和流出地空气污染数据，从而计算出流入地和流出地的空气污染差值。本章以空气污染差值作为核心变量，进行条件 Logit 回归，结果如表 6.6 所示。

为了检验结果的稳健性，本章逐列添加新的控制变量，列 1 仅包括流入地流出地距离、跨省流动和省会共三个控制变量，列 2 在列 1 基础上控制了省区固定

表 6.6 考虑到流出地的空气污染：流入地与流入地的空气污染差值

	流入地空气污染>流出地空气污染，差值为 1；流入地空气污染<流出地空气污染，差值为-1；否则，取值为 0				空气污染差值的绝对差值 Z 标准化
	（1）	（2）	（3）	（4）	（5）
空气污染差值	-0.0611***	-0.0555**	-0.0529*	-0.0697*	-0.1684***
	（-2.85）	（-2.03）	（-1.90）	（-1.67）	（-3.13）
空气污染				3.8556**	
				（2.55）	
空气污染平方项				-0.5103**	
				（-2.43）	
流入地流出地距离	-0.6030***	-0.6736***	-0.7050***	-0.7453***	-0.7053***
	（-72.72）	（-72.15）	（-70.06）	（-54.71）	（-70.19）
跨省流动(是=1)	-1.8051***	-2.1871***	-2.1081***	-2.0906***	-2.1069***
	（-36.73）	（-35.13）	（-32.77）	（-24.39）	（-32.78）
城市区位特征变量	控制省会	控制省会	全部控制	全部控制	全部控制
其他城市特征变量	否	否	否	全部控制	否
省区固定效应	否	是	是	是	是
观测量	649152	649152	579712	358656	579712
chi2	20381	23657	22674	14342	22680
Pseudo R^2	0.484	0.516	0.516	0.527	0.525

注：注释和表 6.3 相同。

效应。列 3 在列 2 的基础上控制了全部的城市区位特征变量，列 4 在列 3 基础上加入空气污染、空气污染平方项以及其他城市特征变量。从列 1 到列 4 可知，无论控制变量如何改变，空气污染差值的系数均显著为负，说明劳动力的区位选择同时受到流入地和流出地空气质量的共同影响，如果某一备选流入地比流出地的空气污染更为严重，则该流入地被选中的概率下降，如果某一备选流入地的空气质量优于流出地，则该流入地被选中的可能性增加。列5对Z标准化处理后的变量进行条件Logit回归，结果显示，流入地与流出地空气污染的绝对差值平均增加一个标准差，该流入地被选中的概率下降15.50%（$1-e^{-0.1684}$）。

此外，从列4还可以看出，空气污染和空气污染平方项的系数分别为正和负，且通过倒U形检验，拐点上升至3.78，说明在控制了劳动力流出地（家乡）空气污染的影响后，空气污染对劳动力区位选择的作用方向仍然存在着"从正向到负向"的变化，当流入地的空气污染低于43.82μg/m³（$e^{3.78}$），随着空气污染程度加重，劳动力更倾向流入，当流入地的空气污染高于43.82μg/m³，随着空气质量恶化，劳动力流入的可能性下降。这再一次为假说4通过实证检验提供了充分的证据。

五、来自2005年1%人口抽样调查的证据

前文的回归分析采用的微观数据来自CLDS，为了避免使用单一微观数据带来的主观选择性偏差，本章试图使用2005年1%人口抽样调查数据进行佐证。尽管2005年1%人口抽样调查数据的时效性不及CLDS2012年、2014年、2016年数据，但该数据是中国各类微观数据中除了CLDS数据外，极其少见的同时包含流入地和流出地位置信息的数据。本章基于2005年1%人口抽样调查数据，筛选出流动劳动力。同时，为了识别空气污染对劳动力区位选择的长期和短期影响，本章按照劳动力离开家乡的年份，分为离开家乡1年到2年、2年到3年、3年到4年、4年到5年共4个子样本，并结合劳动力的位置信息和流动年份，将城市特征变量的滞后项与之匹配，进行条件Logit回归，结果见表6.7。

由列1、列3、列5和列7可知，总体而言，空气污染对劳动力流入具有显著的抑制作用，而且，随着劳动力离开家乡的时间推移，这种抑制作用呈现出先上升后下降的变化趋势。由列2、列4、列6和列8可知，加入空气污染平方项后，无论劳动力离开家乡的时间如何变化，空气污染的系数显著为正，空气污染平方的系数显著为负。由此可见，2005年1%人口抽样调查数据同样支持假说1和假说4。

表 6.7　基于 2005 年 1%人口抽样调查数据的条件 Logit 估计结果

离开家乡时间	1 年到 2 年		2 年到 3 年		3 年到 4 年		4 年到 5 年	
	(1)	(2)	(3)	(4)	(5)	(6)	(7)	(8)
空气污染	−0.9486***	1.8835***	−1.1522***	2.3492***	−1.1455***	2.1385***	−0.5603***	3.7700***
	(−12.72)	(3.99)	(−11.32)	(3.89)	(−10.06)	(3.18)	(−4.49)	(4.57)
空气污染平方		−0.3413***		−0.3980***		−0.3651***		−0.6533***
		(−4.60)		(−4.18)		(−3.34)		(−4.59)
城市特征变量	是	是	是	是	是	是	是	是
省份固定效应	是	是	是	是	是	是	是	是
观测量	1004764	1243409	711038	896129	424613	520308	250115	296655
城市数量	190	190	181	181	154	154	143	143
个体数量	7560	7560	5797	5797	3950	3950	2456	2456
Pseudo R^2	0.413	0.413	0.439	0.439	0.427	0.427	0.433	0.433
拐点		2.76		2.95		2.93		2.89

注：①括号内( )为 t 值，***、**、* 分别代表在 1%、5%、10%水平上显著。②和
2005 年 1%人口抽样调查数据相匹配的城市特征变量较易获得，城市特征变量包括每万人床位
数(医疗服务)、平均工资、教育水平、人均 GDP、流入地流出地的距离、跨省流动、省会城
市、到全国经济中心城市的距离、到区域中心大城市的距离、固定资产投资、失业率、第二
产业占比等。

第三节　空气污染的内生性与空间扩散性

第三节主要解决两个问题，即空气污染的内生性和空气污染的空间扩散性对
估计结果的干扰。具体而言：(1)单个劳动力的区位选择对城市层面的空气污染
产生的影响甚微，但我们很难判断空气污染和劳动力的区位选择完全不存在双向
因果关系。因此，空气污染的内生性是一个不容忽视的问题。(2)由于空气污染
在区域间具有空间溢出效应(黄寿峰，2017)，污染的空间扩散性是需要考虑的另
一问题。

遗憾的是，条件 Logit 模型不能直接使用工具变量，从技术上难以处理空气污染的内生性问题，所以，已有文献多数通过 Hilbe 两步法来解决该问题（张莉等，2017；张海峰等，2019）。不过，因为 Hilbe 两步法只适用于加总层面数据，故现有文献基本上是将微观数据加总到地区层面后，再进行两步法回归。这种内生性处理方法隐含着所有个体为同质的假设，而忽略了微观个体的异质性。这对于个体数据分析来说，是一个很大的技术缺陷。

一、随机系数 Logit 模型

如上所述，条件 Logit 模型不能直接估计微观个体的特征变量，不能直接使用工具变量，因而不能处理内生性导致的估计偏误。张莉等（2017）对微观数据进行统计加总，得出城市层面劳动力迁移的计数数据，并对计数数据运用工具变量法，但这种方法未能考虑劳动力的异质性。由此可见，条件 Logit 模型中两阶段最小二乘法失效是本章面临的难题之一。

Berry 等（1995）提出的随机系数 Logit（BLP）模型不仅可以和工具变量法相结合，还适用于微观数据，因而较好地克服了 Hilbe 两步法的技术缺陷。不仅如此，BLP 模型还可以引入空气污染的空间扩散性。本章基于 BLP 模型的思路，设流动劳动力 m 的间接效用函数为：

$$\max V_{mij} = \lambda_m \times \overline{X}_j + b Z_{ij} + \xi_j + \varepsilon_{mij} \tag{6.4}$$

其中，λ_m 是个体层面的参数，$\overline{X}_j$ 表示备选城市 j 的特征变量，包括空气污染 $poll_j$ 以及其他城市层面的控制变量 X_j，Z_{ij} 表示由流出地与备选城市共同决定的变量，ξ_j 表示城市层面的误差项，ε_{mij} 表示个体层面的误差项。借鉴 Wang 等（2015）的做法，将个体特征参数 λ_m 用如下公式表示：

$$\lambda_m = c_0 + c_1(\Lambda_m - \overline{\Lambda}) \tag{6.5}$$

将（6.5）式代入（6.4）式，求得流动劳动力 m 在 J 个备选城市中选择某一个城市 j 获得的间接效用为：

$$V_{mij} = \gamma_j + c_1(\Lambda_m - \overline{\Lambda}) \times \overline{X}_j + b Z_{ij} + \varepsilon_{mij} \tag{6.6}$$

其中，γ_j 可理解为备选城市 j 的固定效应，结合（6.4）式、（6.5）式和（6.6）式可知：

$$\gamma_j = c_0 \overline{X}_j + \xi_j , \quad \overline{X}_j = pol\, l_j + X_j \tag{6.7}$$

进一步地，根据本小节第一段提出的两大问题，这里运用上述的随机系数 Logit 模型，分别进行处理。具体估计步骤分两个步骤进行，第一步解决空气污染的内生性问题，第二步解决空气污染的空间扩散性问题。

1. 空气污染的内生性

第一步，假设 ε_{mij} 服从 I 型极值分布（type I extreme value distribution）并且为独立同分布（iid），运用多项 Logit 模型估计（6.6）式，可求得 γ_j、c_1、b 的估计值。c_1 衡量的是城市层面的变量（包括空气污染）对不同劳动力流向的异质性影响，b 衡量的是流出地与备选流入地共同决定的变量对劳动力流向产生的影响。γ_j 作为城市固定效应，衡量的是在控制个人特征、相关城市特征变量后，备选城市 j 对劳动力的吸引力，获取 γ_j 的估计值是模型求解的关键所在。

2. 空气污染的空间扩散性

第二步，本章以第一步中求得的 γ_j 估计值作为因变量，对（6.7）式进行估计。首先，运用二阶段最小二乘法（2SLS）来解决空气污染的内生性问题。其次，根据 Elhorst 和 Halleck Vega（2017）的观点，建立自变量具有空间相关性但因变量无空间相关性的空间计量模型，即 SLX 形式的空间计量模型。由于 SLX 模型只包括空气污染的空间滞后项，难以用传统的空间计量方法求解。根据 Kondo（2016）提出的 Stata 命令 spgen，该命令可直接求出目标变量的空间滞后项。这里将各大城市的经度和纬度信息与个体数据相匹配，然后运用 spgen 命令，得到空气污染的空间滞后项，进而可估计 SLX 形式的空间计量模型。

二、基于卫星数据构建工具变量

一些学者用地理分界线作为空气污染的工具变量（Chen 等，2013），但这种方法难以刻画污染随时间的变化。根据气象学知识，大气对流层气温随高度增加而降低，而大气出现逆温层时，大气对流层的气温随着高度的增加而增加，逆温层通过阻碍空气的上升运动进而加剧空气污染。① 随着卫星技术的不断发展，大气逆温层的测算成为可能。近年来，国外学者陆续采用逆温层作为空气污染的工具变量（Jans et al.，2016；Arceo et al.，2016；Sager et al.，2016；Chen et al.，2016）。② 这些研究较好地证明了逆温层个数与空气污染的相关性。本章拟采用各大城市的逆温层个数作为空气污染的工具变量。由于人们难以观察到不同海拔的大气层温度，因此难以凭借肉眼判断是否存在逆温层现象，可基本认为逆温层个数对劳动力流向无影响，工具变量满足外生性条件。

为了进一步保证回归结果的严谨性，本章采用夜间的逆温层个数而不是白天的逆温层个数，主要出于两点考虑：一是逆温层更容易在夜间出现（Sager et al.，2016），二是人们对白天气象的关注度高于夜间。逆温层的气温数据来自美国航空航天局（NASA）的大气红外探测器（AIRS）搭载的 Aqua 卫星和 MERRA2③ 数据。

三、BLP 模型的实证结果

为了避免可能的内生性问题，表 6.4、表 6.6 和表 6.7 的城市指标均选取迁移年份滞后一期的前定变量。不过，个体加总数据仍然可以反过来影响城市的空

---

①　参见马克伟．土地大辞典［M］．长春出版社，1991。

②　Jans 等（2014）采用逆温层作为工具变量来考察 PM10 浓度对儿童呼吸道疾病的影响，Arceo 等（2016）将每周的逆温层个数作为工具变量，以估计 PM10 浓度和 CO 浓度对墨西哥的儿童死亡率的影响。之后，Sager 等（2016）、Chen 等（2017）均基于逆温层的气温数据构建工具变量。

③　Aqua 卫星的 AIRS3STM 产品，该产品提供 24 层大气气温的月度遥感数据，其空间分辨率是 1°×1°。根据 Sager 等（2016）的做法，本章借助 Arcgis 软件，提取最接近地球表面的两层大气气温数据，即大气压强为 1000hPa（海平面）、925hPa（海拔约 600m）的两层大气气温，并运用 Arcgis 软件的 IDW 方法进行插值处理。若 1000hPa 处的大气气温低于 925hPa 处的气温，则出现逆温层，记为 1，否则，记为 0。AIRS3STM 产品能够提供的 24 层大气气温遥感数据中，距离地球表面最近的两层大气是 1000hPa（海平面）、925hPa（海拔约 600m），这两层大气的间距相对较远，而且该数据最早始于 2002 年 9 月（Aqua 卫星于 2002 年发射），不能较好地与 PM2.5 浓度数据的年份区间相匹配。为了弥补其缺陷，本章利用美国航空航天局的 MERRA2（Modern-Era Retrospective Analysis for Research and Applications）的 M2IMNPAS 产品数据，提取空间分辨率为 0.5°×0.625°的大气压 975hPa（海拔约 320 米）、925hPa（海拔约 600m）处的气温数据。M2IMNPAS 产品提供 1980 年至 2017 年的月度大气气温数据，因而满足了本章的数据要求。

气质量。为了消除这种双向因果关系带来的内生性问题，本章通过建立 BLP 模型来解决。限于篇幅，这里仅报告(6.7)式的估计结果，如表 6.8 和表 6.9 所示。

1. 来自中国劳动力动态调查的证据

表 6.8 的微观数据来自中国劳动力动态调查(CLDS)，表 6.8 列 1—列 3 是两阶段最小二乘法(2SLS)的估计结果，工具变量为各大备选城市的逆温层个数。其中，列 1 的逆温层原始数据来自 Aqua 卫星的月度遥感数据，列 2、列 3 以及列 6—列 9 的逆温层原始数据来自 Merra2 再分析资料。列 1 和列 2 中，空气污染的估计系数均显著为负，说明空气污染总体而言的确阻碍了劳动力流入 0，本书的理论假说 1 在考虑空气污染的内生性问题后仍然成立。

表 6.8 BLP 模型第二阶段的估计结果：以 BLP 第一阶段求得的城市固定效应作为因变量

样本	中国劳动力动态调查(CLDS)数据				
	2SLS：以逆温层个数为工具变量			空间计量模型	
	Aqua 逆温层	Merra2 逆温层		空间权重 W1	空间权重 W2
	（1）	（2）	（3）	（4）	（5）
空气	-8.425^{***}	-27.53^{***}	87.4209^{**}	-4.631^{**}	-4.602^{**}
污染	(5.11)	(13.50)	(2.26)	(2.36)	(2.38)
污染			-14.7602^{**}		
平方			（-2.52）		
控制变量	是	是	是	是	是
样本量	87	87	87	87	87

注：①括号内( )为 t 值，＊＊＊、＊＊、＊分别代表在1%、5%、10%水平上显著。②列 1 到列 5 的控制变量和表 6.4 列 5 相同。

表 6.8 列 3 考察空气污染和劳动力的区位选择的非线性关系。具体步骤是，在二阶段最小二乘法的第一步回归中，求得空气污染的预测值，取预测值的平方项作为空气污染平方项的工具变量，将逆温层个数和预测值的平方项同时作为工具变量放入第二步的回归中。列 3 的结果表明，考虑空气污染的内生性问题后，

空气污染和劳动力的区位选择仍然存在显著的"倒 U 形"关系，拐点为 2.96。这意味着，当空气污染低于 19.30μg/m³（e$^{2.96}$）时，空气污染对劳动力流入表现为拉力，当空气污染高于 19.30μg/m³时，空气污染对劳动力流入表现为推力。

进一步地，表 6.8 列 4 和列 5 报告了空间计量模型（SLX）的估计结果。从列 3 和列 4 可知，无论使用哪种空间权重，流入地城市空气污染的系数估计值都显著为负，说明考虑空气污染的空间相关性后，空气污染对劳动力流入的阻碍效应仍然显著。由此可见，考虑了空气污染的内生性和区域间扩散的问题后，假说 1 和假说 4 仍然成立。

2. 来自 2005 年 1%人口抽样调查的证据

表 6.9 的微观数据来自 2005 年 1%人口抽样调查。表 6.9 各列以劳动力离开家乡 1 年到 2 年、2 年到 3 年、3 年到 4 年、4 年到 5 年的标准进行分组，各列空气污染的估计系数均显著为负，说明空气污染总体而言的确阻碍了劳动力流入，本书的理论假说 1 再次得到支持。

表 6.9　BLP 模型第二阶段的估计结果：以 BLP 第一阶段求得的城市固定效应作为因变量

样本	2005 年 1%人口抽样调查			
	2SLS：以逆温层个数为工具变量（数据来自 Merra2）			
以离开家乡时间来分组	1 年到 2 年	2 年到 3 年	3 年到 4 年	4 年到 5 年
	（1）	（2）	（3）	（4）
空气污染	−1.171*	−1.164**	−0.727**	−2.525**
	(1.73)	(2.02)	(2.29)	(2.64)
控制变量	是	是	是	是
样本量	174	161	154	142

注：①括号内（ ）为 t 值，***、**、* 分别代表在 1%、5%、10%水平上显著。②列 1—列 4 的控制变量设定和表 6.7 相同。

第四节 内生性的另一种解决方法：计数模型

不难发现，上文的条件 Logit 模型是从个体特征与城市特征的角度来解释微观个体的城市区位选择问题，即条件 Logit 模型解决的是微观层面的劳动力流向问题。为了解释宏观层面的劳动力城市区位选择问题，同时，也为了较好地克服空气污染的内生性问题，本章还基于计数模型的思路，设定如下泊松回归模型：

$$P(Y_j = y_j) = \frac{e^{-\kappa_j} \kappa_j^{y_j}}{y_j!}, \quad \kappa_j = d_0 \text{poll}_j + d_1 X_j + \zeta_j \tag{6.8}$$

其中，y_j 表示流入任意城市 j 的劳动力数量，κ_j 表示泊松到达率（Poisson Arrival Rate），ζ_j 是城市层面的误差项，其他变量的设定和式（6.1）相同。

本章综合运用计数模型中的泊松回归、负二项回归、工具变量-泊松回归（IV-Poisson）进行检验，回归结果如表 6.10 所示。表 6.10 中，列 1 和列 2 是基于中国劳动力动态调查（CLDS）的估计结果，列 1 采用泊松回归，列 2 采用负二

表 6.10 计数模型的估计结果

	中国劳动力动态调查（CLDS）		2005 年全国 1% 人口抽样调查微观数据		
	（1）	（2）	（3）	（4）	（5）
	泊松	负二项	泊松	负二项	IV-Poisson
空气污染	−0.0274***	−0.0273***	−0.0993***	−0.0993***	−0.395*
城市特征变量	YES	YES	YES	YES	YES
城市固定效应	YES	YES	YES	YES	YES
样本量	82	82	230	230	213

注：括号内（ ）为 t 值，***、**、* 分别代表在 1%、5%、10% 水平上显著。城市特征变量包括医疗服务、平均工资、教育水平、人均 GDP、固定资产投资、第二产业占比、失业率、流入地流出地的地理距离、跨省流动（是=1）、省会城市（是=1）、到全国经济中心城市的最短距离、到区域中心大城市的最短距离、每万人医院数、铁路客运量。

项回归。从空气污染的估计系数来看，无论采用泊松回归还是负二项回归，空气污染的系数估计值都在 1% 水平上显著为负，这和理论预期相符。列 3、列 4、列5 是基于 2005 年全国 1% 人口抽样调查的估计结果，列 3 采用泊松回归，列 4 采用负二项回归，列 5 是采用工具变量二的 IV-Poisson 回归结果。列 3 和列 4 中，空气污染的估计系数均在 1% 水平上显著为负，列 5 中，空气污染的估计系数的显著性较列 3、列 4 有所下降，但仍然在 10% 水平上显著为负，说明考虑空气污染的内生性问题后，空气污染对劳动力流入仍然具有显著的阻碍作用。由此可见，无论采用中国劳动力动态调查(CLDS)数据还是 2005 年全国 1% 人口抽样调查数据，计数模型的估计结果均支持理论假说 1。

第五节 本 章 小 结

从空气污染角度研究劳动力的区位选择属于一个新兴的研究领域。本章运用微观劳动力流动数据和城市层面的空气污染数据，采用条件 Logit 模型，对空气污染与劳动力流向(区位选择)之间的关系进行了严格的实证检验。基于 2012 年、2014 年和 2016 年中国劳动力动态调查(CLDS)个体数据的实证检验结果发现：①无论采用连续年份的空气污染均值指标，还是和劳动力迁移年份相匹配的年度污染数据，空气污染与劳动力区位选择之间均存在"倒 U 形"关系，空气污染水平的总体拐点为 $38.09\mu g/m^3$。②在控制城市生态健康水平和劳动力家乡的空气污染的影响后，"倒 U 形"关系仍然成立。2005 年 1% 人口抽样调查微观数据同样支持理论假说 4。③基于卫星遥感数据提取气象学的逆温层(Inversion Layers)数据，构建空气污染的工具变量，并运用随机系数模型(BLP)进行分析。考虑空气污染的内生性问题后，空气污染和劳动力的区位选择仍然存在显著的"倒 U 形"关系，拐点为 2.96。这意味着，当空气污染低于 $19.30\mu g/m^3(e^{2.96})$ 时，空气污染对劳动力流入表现为拉力，当空气污染高于 $19.30\mu g/m^3$ 时，空气污染对劳动力流入表现为推力。④考虑空气污染的空间相关性后，空气污染对劳动力流入的阻碍效应仍然显著。由此可见，考虑了空气污染的内生性和区域间扩散的问题后，假说1 和假说 4 仍然成立。⑤计数模型的估计结果仍然支持假说 1。

本章的特色之处可以归纳为三点：①与已有文献关注劳动力"是否流动"不

同，本章聚焦于劳动力"流向何方"这一核心问题，这对劳动力流动相关文献是一个极大的补充。以"流向何方"为切入点，证实了空气污染治理对劳动力的城市选择有着重要的影响，因而可视作一种间接的人力资本投资。②基于迁移年份将空气污染数据与微观个体数据进行更精确的匹配，解决了现有研究中使用宏观加总数据而无法反映个体劳动力流动特征的问题（肖挺，2016；Chen et al.，2017），以及城市特征变量取多年度均值而导致的估计结果偏误问题（张海峰等，2019）①，从而保证了估计结果的严谨性。③较好地解决了空气污染的内生性问题和空气污染的空间扩散性问题。空气污染的内生性是一个绕不开的问题。由于条件 Logit 模型不能处理内生性问题，本章结合气象学知识，以大气层的逆温层（Inversion Layers）个数作为工具变量，使用随机系数 Logit（简称为 BLP 模型，Berry 等，1995）解决了这个技术难题。

习近平总书记指出，绿水青山就是金山银山。近年来，随着空气污染的不断加重，政府陆续开展大气污染治理措施，污染治理是否与经济增长背道而驰？该问题已经引起了人们的广泛关注与热烈讨论。尤其是人们对现阶段的"煤改电""煤改气"等系列蓝天保卫战工程的质疑声此起彼伏。本章的政策启示体现在：①一个城市的空气污染降低了该城市对劳动力的吸引力。因此，即使城市的污染治理在表面上耗费了"财力"，却间接地给这个城市带来了大量的"人力"，而"人力"是促进经济持续增长的重要推动力量。污染治理可以视作人力资本的间接投资，从而为蓝天保卫战的开展提供了一种理论支撑。②一个城市的污染防治工作可以弱化空气污染对劳动力流入的阻力，当治理达到足够的水平时，空气质量改善将有助于达成"治污引智"的目标，即卓有成效的污染治理实际上也是人力资

①　肖挺（2016）采用各城市劳动从业人口来衡量劳动力流出，用各城市的 PM10、二氧化硫以及二氧化氮三种指标数据之和来表征空气污染；在 Chen 等（2017）中，劳动力流动数据是成千上万个劳动力流动行为的加总，因而默认所有的劳动力对空气污染的反应是相同的，忽略了劳动力的异质性行为，这显然背离了实际情况。在张海峰等（2019）中，生态城市健康指数是由 3 个二级指标、14 个三级指标加权而成，其中，衡量空气质量的三级指标（空气质量优良天数）所占的权重仅为 7.8%，因此，根据其回归系数仍然难以判断劳动力是因为空气污染而迁移，还是因为空气污染以外的其他生态健康构成指标（例如：生态经济）而迁移。此外，该文只使用了 2014 年的 CLDS 数据，样本量相对较小，无法回避单独使用某一年的数据带来的样本选择偏差和系统操作误差。

本的一种间接投资，这就从人才引进的角度为污染防治工作提供了根本性驱动力，也为地方政府在污染治理和经济高质量发展、行政力量推动与市场机制激励之间找到合适的平衡点，并为习近平总书记"绿水青山就是金山银山"的战略思想作出了一种新的解读。

◎ 本章参考文献

[1]安虎森，周亚雄．区际生态补偿主体的研究：基于新经济地理学的分析[J]．世界经济，2013(2)．

[2]蔡昉．中国经济改革效应分析——劳动力重新配置的视角[J]．经济研究，2017(7)．

[3]谌仁俊，肖庆兰，兰受卿，刘嘉琪．中央环保督察能否提升企业绩效？——以上市工业企业为例[J]．经济评论，2019(5)．

[4]丁如曦，倪鹏飞．中国经济空间的新格局：基于城市房地产视角[J]．中国工业经济，2017(5)．

[5]都阳，蔡昉，屈小博，程杰．延续中国奇迹：从户籍制度改革中收获红利[J]．经济研究，2014(8)．

[6]黄寿峰．财政分权对中国雾霾影响的研究[J]．世界经济，2017(2)．

[7]梁琦，陈强远，王如玉．户籍改革、劳动力流动与城市层级体系优化[J]．中国社会科学，2013(12)．

[8]梁琦，李建成，陈建隆．异质性劳动力区位选择研究进展[J]．经济学动态，2018(4)．

[9]罗勇，王亚，范祚军．异质型人力资本、地区专业化与收入差距——基于新经济地理学视角[J]．中国工业经济，2013(2)．

[10]马克伟．土地大辞典[M]．长春出版社，1991．

[11]石庆玲，陈诗一，郭峰．环保部约谈与环境治理：以空气污染为例[J]．统计研究，2017(10)．

[12]石庆玲，郭峰，陈诗一．雾霾治理中的"政治性蓝天"——来自中国地方"两会"的证据[J]．中国工业经济，2016(5)．

[13]涂正革，谌仁俊．排污权交易机制在中国能否实现波特效应[J]．经济研究，

2015(7).

[14] 伍山林. 农业劳动力流动对中国经济增长的贡献[J]. 经济研究, 2016(2).

[15] 夏怡然, 陆铭. 城市间的"孟母三迁"——公共服务影响劳动力流向的经验研究[J]. 管理世界, 2015(10).

[16] 肖挺. 环境质量是劳动人口流动的主导因素吗?——"逃离北上广"现象的一种解读[J]. 经济评论, 2016(2).

[17] 杨振宇, 张程. 东迁、自选择与劳动力溢价:"孔雀东南飞"背后的故事[J]. 经济学(季刊), 2018(4).

[18] 张莉, 何晶, 马润泓. 房价如何影响劳动力流动[J]. 经济研究, 2017(8).

[19] Arceo, E, Hanna R, Oliva P. Does the Effect of Pollution on Infant Mortality Differ between Developing and Developed Countries? Evidence from Mexico city[J]. The Economic Journal, 2016, 126(591): 257-280.

[20] Behrens K, Duranton G, Robert-Nicoud F. Productive Cities: Sorting, Selection, and Agglomeration[J]. Journal of Political Economy, 2014, 122(3): 507-553.

[21] Berry S, Levinsohn J, Pakes A. Automobile Prices in Market Equilibrium[J]. Econometrica, 1995, 63: 841-890.

[22] Breen R, Karlson K, Holm A. Total, Direct, and Indirect Effects in Logit and Probit Models[J]. Sociological Methods & Research, 2013, 42(2): 164-191.

[23] Chen S, Oliva P, Zhang P. The Effect of Air Pollution on Migration: Evidence from China[J]. NBER Working Paper, 2017, no. w24036.

[24] Chen S, Guo C, Huang X. Air Pollution, Student Health, and School Absences: Evidence from China[J]. Journal of Environmental Economics and Management, 2018, 92: 465-497.

[25] Coniglio N. Regional Integration and Migration: An Economic Geography Model With Heterogeneous Labour Force[J]. Glasgow University, Discussion Paper, 2002, no. 2003-1.

[26] Duranton G, Puga D. Micro-Foundations of Urban Agglomeration Economies[J]. Handbook of Regional and Urban Economics, 2004, 4: 2063-2117.

［27］Ebenstein A, Fan M, Greenstone M, He G, Peng Y, Zhou M. Growth, Pollution, and Life Expectancy: China from 1991-2012［J］. American Economic Review, 2015, 105(5): 226-231.

［28］Forslid R, Ottaviano G. An Analytically Solvable Core-periphery Model［J］. Journal of Economic Geography, 2003, 3(3): 229-240.

［29］Hafstead M, Williams R. Unemployment and Environmental Regulation in General Equilibrium［J］. Journal of Public Economics, 2018, 160: 50-65.

［30］He J, Liu H, Salvo A. Severe Air Pollution and Labor Productivity: Evidence from Industrial Towns in China［J］. IZA Discussion Paper, 2016, No. 8916.

［31］Jans J, Johansson P, Nilsson P. Economic Status, Air Quality, and Child Health: Evidence from Inversion Episodes［J］. Iza Discussion Papers, 2014.

［32］Kondo K. Introduction to Spatial Econometric Analysis: Creating spatially lagged variables in Stata［J］. RIETI Technical Paper Series 16-T-001, 2016.

［33］McFadden D. Conditional Logit Analysis of Qualitative Choice Behavior［J］. Academic Press, Salt Lake City, 1974.

［34］Sager L. Estimating the Effect of Air Pollution on Road Safety Using Atmospheric Temperature Inversions［J］. GRI Working Papers, 2016.

［35］Sobel M. Asymptotic Confidence Intervals for Indirect Effects in Structural Equations Models//Leinhart S. Sociological methodology. San Francisco, CA: Jossey-Bass, 1982: 290-312.

［36］Tanaka S. Environmental Regulations on Air Pollution in China and Their Impact on Infant Mortality［J］. Journal of Health Economics, 2015, 42(3): 90-103.

［37］Tombe T, Zhu X. Trade Liberalization, Internal Migration and Regional Income Differences: Evidence from China［J］. University of Toronto, working paper, 2015.

［38］Vega S H, Elhorst J P. The SLX Model［J］. Journal of Regional Science, 2015, 55(3): 339-363.

［39］Venables A. Productivity in Cities: Self-selection and Sorting［J］. Journal of Economic Geography, 2011, 11(2): 241-251.

［40］Wang Z, Graaff T D, Nijkamp P. Cultural Diversity and Cultural Distance as Choice Determinants of Migration Destination［J］. Spatial Economic Analysis, 2015, 11(2): 1-25.

［41］Ward A, Beatty T. Who Responds to Air Quality Alerts［J］. Environmental & Resource Economics, 2015, 65(2): 487-511.

第七章 空气污染如何影响劳动力流向

近年来，政府陆续开展大气污染治理措施，污染治理、环境规制是否与经济增长背道而驰？学术界对该问题一直争论不休，尚未达成一致意见。例如，对于现阶段的"煤改电""煤改气"等系列蓝天保卫战工程，学者们的质疑声此起彼伏。值得一提的是，衡量污染治理的影响，不能仅仅从经济效益角度来分析，还需要从人类健康、死亡率、交通安全、社会稳定等关乎人类福祉的角度来考虑。上一章的结论从吸引人才的角度极大地支持了污染治理工作。大规模的污染治理在表面上消耗了大量的"财力"，在短期来看，似乎是不经济的行为，但从长期来看，随着某一城市空气质量的逐渐改善，城市在争夺人才方面更具竞争力，大气污染治理实际上间接地给这个城市带来了大量的"人力"，而"人力"是维持经济活力、促进经济持续增长的重要推动力量。相反地，如果某一城市的污染治理不到位，或者以牺牲环境为代价来大力发展经济，在短期，可获得一定的经济效益，但在长期，这种经济增长是不可持续的，该城市将由于空气污染问题而损失大量的人才，其经济发展因为人才流失而受到极大的制约。上一章的研究还表明，空气污染对劳动力区位选择产生先吸引后抑制的"倒 U 形"影响；在中国经济已由高速增长转向高质量发展的背景下，某一城市空气质量的持续下降将阻碍劳动力流入，而通过治理空气污染，把空气污染水平降低到拐点以下，则可以化阻力为拉力，进而吸引人才资源流入。

那么，接下来一个重要的问题是，空气污染如何影响劳动力流向？为了回答该问题，本章结合高铁建设、教育等影响中国劳动力流动的具体国情因素，进一步地展开机制分析，以期得到更丰富的结论。主要包括两个方面：一是调节机制，分别从城市特征与个体特征两个维度展开，二是中介机制，主要以污染感知为中介变量进行检验。

本章作为本书实证部分的最后一章，接下来的结构安排如下：第一节是实证模型设定与数据说明，第二节报告了空气污染对劳动力流向的调节机制，并验证了理论假说3和理论假说5，第三节以污染感知为中介变量，报告了空气污染对劳动力流向的中介机制，第四节是本章小节，最后是本章参考文献和附录。

本章的研究具有一定的应用价值，主要体现在：①通过引入劳动力的异质性，探讨空气污染对不同年龄、不同受教育程度的劳动力的区位选择的差异化影响，进而对当前各大城市的人才新政能否吸引到与产业结构精准匹配的劳动力、能否达到"人尽其才、物尽其用"作出一定的判断；②通过考察空气污染对劳动力个体区位选择的作用机制，进而为当前愈演愈烈的人才争夺战提供一种新的人才引进思路。

第一节　实证模型设定与数据说明

一、实证模型设定

1. 区际交通便利性对劳动力流向的影响

参考丁如曦和倪鹏飞（2017）的做法，本章定义北京、上海、广州、深圳为全国经济中心城市，定义离流入地最近的直辖市、副省级城市、省会城市为区域中心城市，并选取高速公路、普通公路、普通铁路、高速铁路（若开通）共4种主要的交通出行路线，从全局和局部两个角度来衡量区际交通便利性。具体来说：第一，全局层面，分别计算出4种路线下备选流入城市到北京、上海、广州、深圳的最短交通时间，取备选城市到这4个城市的最短交通时间的最小值作为到全国经济中心城市的交通时间 $global_j$。第二，区域层面，同理，分别计算备选流入城市到区域中心城市的最短交通时间，取最小值作为到区域中心城市的交通时间 $local_j$。$global_j$ 和 $local_j$ 反映了区际交通便利性。

根据假说3，为了验证劳动力的区位选择是否受到空气污染和区际交通便利性的交互效应影响，本章在第六章（6.2）式的基础上，加入区际交通便利性及其和空气污染的交互项，求得流动劳动力 m 选择城市 j 的概率为：

$$P(\text{choice}_m = j \mid \text{poll}, X, Z, \text{local}, \text{global})$$

$$= \frac{\exp(a_0\text{poll}_j + a_1 X_j + a_2 Z_{ij} + b_1\text{local}_j + b_2\text{global}_j + b_3\text{local}_j \times \text{poll}_j + b_4\text{global}_j \times \text{poll}_j)}{\sum_{j=1}^{J} \exp(a_0\text{poll}_j + a_1 X_j + a_2 Z_{ij} + b_1\text{local}_j + b_2\text{global}_j + b_3\text{local}_j \times \text{poll}_j + b_4\text{global}_j \times \text{poll}_j)}$$

$$(7.1)$$

2. 考虑个体异质性

根据假说 5，为了检验不同技能劳动力对空气污染的反应是否具有异质性，本章引入劳动力的技能变量 Λ_m 和空气污染的交互项，以及 Λ_m 和空气污染平方的交互项，求得流动劳动力 m 选择城市 j 的概率为：

$$P(\text{choice}_m = j \mid \text{poll}, X, Z, \Lambda)$$

$$= \frac{\exp(\beta_0\text{poll}_j + \beta_1\text{poll}_j^2 + \beta_2 X_j + \beta_3 Z_{ij} + \beta_4\text{poll}_j \times \Lambda_m + \beta_5\text{poll}_j^2 \times \Lambda_m)}{\sum_{j=1}^{J} \exp(\beta_0\text{poll}_j + \beta_1\text{poll}_j^2 + \beta_2 X_j + \beta_3 Z_{ij} + \beta_4\text{poll}_j \times \Lambda_m + \beta_5\text{poll}_j^2 \times \Lambda_m)}$$

$$(7.2)$$

二、数据来源及变量说明

1. 数据来源

本章以中国劳动力动态调查（简称为 CLDS）2012 年、2014 年和 2016 年个人问卷数据作为主要的微观数据。CLDS 的调查对象是 15~64 岁的劳动力，该调查详细记录了劳动力的跨县市流动经历。更为重要的是，CLDS 数据是可获得的劳动力微观数据中，少见的同时包括流出地和流入地的地理信息的数据，因而能够通过地理位置信息将城市污染数据与微观个体相匹配，从而满足了本章的数据要求。考虑到最近一次的迁移经历最能反映劳动力目前的状态，借鉴张莉等（2017）、张海峰等（2019）的做法，本章将劳动力最近一次跨县市流动的年份作为劳动力的迁移年份。经过筛选和数据清洗，共得到 5262 个流动劳动力样本，其中，1862 个样本来自 CLDS2012，1530 个样本来自 CLDS2014，1870 个样本来自 CLDS2016。这些劳动力的迁移年份跨越了从 1999 年到 2016 年的 18 个年份，其流动范围覆盖了珠三角、京津冀、长三角等主要人口流入地。

2. 变量说明

区际交通便利性用到区域中心大城市的最短交通时间、到全国经济中心城市的最短交通时间来表示。具体而言：①本章考虑高速公路、普通公路、普通铁路、高速铁路(若开通)共 4 种交通出行路线，计算出备选城市到省内中心城市在这 4 种路线下的交通时间，将这 4 种路线下的最小值定义为到区域中心大城市的交通距离。②按照上述方法，分别计算出备选城市到北京、上海、广州、深圳的最短交通时间，取备选城市到这 4 个城市的最短交通时间的最小值作为到全国经济中心城市的交通距离，详细数据参考丁如曦和倪鹏飞(2017)。

其他城市特征变量来自中国城市数据库、中国区域经济数据库、历年《中国统计年鉴》等，详细的变量说明可参照第六章的第一节。

第二节 空气污染对劳动力流向的调节机制

我们结合高铁建设、教育等影响中国劳动力流动的具体国情因素，进一步展开机制分析，以期得到更丰富的结论。第二节报告了调节机制的估计结果，分别从城市特征与个体特征两个维度展开。

一、空气污染与区际交通便利性的"虹吸叠加效应"

毋庸置疑，区际交通成本对劳动力的区位选择决策有着重要影响。中国正在进行史无前例的以高铁为骨架的交通基础设施建设，"四纵四横"高铁路网早在 2015 年已基本成形，伴随而来的是区际交通时间的迅速下降，城市交通便利性空前提高。那么，区际交通便利性是否对空气污染与劳动力区位选择之间的关系产生重要影响？根据前文设定的(7.1)式，本部分的条件 Logit 模型估计结果见表 7.1。在表 7.1 中，各列均控制了省区固定效应，列 1 和列 3 控制部分城市特征变量，列 2、列 4 控制了全部城市特征变量。

比较列 1 和列 2 可知，添加更多的城市特征变量并未改变空气污染和交互项的系数符号和显著性水平，说明回归结果较为稳健性。交互项的系数均显著，说明空气污染和区际交通便利性存在显著的交互效应，劳动力对流入城市空气污染的反应随着区际交通便利性的变化而变化，假说 3 得证。具体而言：

第一，从全局维度来看，交互项的系数显著为正，说明某一备选城市到全国中心城市的交通时间越短，劳动力更倾向于回避该城市的空气污染。以列 2 为例，考虑全局交通便利性的交互效应后，空气污染的影响系数为（$-1.6226+1.3234\times$到全国中心城市的交通便利性），由于交通时间在回归中取对数，如果到全国中心城市的交通时间缩短到 1 小时以内，则交通时间的对数为负，则这种交通便利性的提升加剧了空气污染对劳动力流入的阻碍作用。从常识来看，交通便利性的改善会提升流入地城市的相对区位优势，增加对人才的吸引力。然而，本部分的实证结果却显示，由于空气污染的因素，全国中心城市对流入地城市的人才资源不仅没有带来溢出效应，反而形成了明显的"虹吸叠加效应"。

第二，从区域维度来看，交互项的系数显著为负，说明随着备选城市到区域中心城市的交通时间的缩短，空气污染和交通便利性的负向交互效应随之下降，则劳动力对空气污染的反应程度下降。同样地，以列 2 为例，考虑区域交通便利性的交互影响后，空气污染对劳动力流入的影响系数为（$-1.6226-0.7057\times$交通便利性），这意味着，除非备选城市到区域中心城市的交通时间缩短到 0.10 小时（$e^{-2.30}$）以内，否则，随着到区域中心城市交通便利性的提升，流入地城市空气污染仍然降低了劳动力流入的可能性。当前中国尚未出现区际交通时间少于 0.1 小时（即 6 分钟）的实际案例。因此，提高某一城市到区域中心的交通便利性并不能弥补空气污染导致的人才流失。

第三，结合全局和区域两个维度来看，随着区际交通更加便利，空气污染对劳动力区位选择的负向抑制作用并未改变，甚至在交互效应的影响下，负向作用更强，"虹吸叠加效应"更加明显。

进一步地，考虑到劳动力家乡的空气质量对估计结果的影响，表 7.1 列 3 和列 4 报告了空气污染差值和交通便利性交互项的估计结果，从列 3 和列 4 可知：①无论是否加入更多的控制变量，空气污染差值均显著为负，这和第六章表 6.6 的结果相一致，说明其他条件相同时，若备选城市的空气质量优于劳动力家乡所在城市，则劳动力流入该备选城市的可能性提高。对于空气污染程度比劳动力家乡更为严重的备选城市，随着备选城市到全国中心城市的交通便利性提升，劳动力更倾向于回避该城市的空气污染；②随着备选城市到区域中心城市交通便利性提升，劳动力更倾向于流向该城市。而对于空气质量优于劳动力家乡的备选城市，随着备选城市到全国中心城市交通时间的缩短，该城市被劳动力选择的可能性反而提高，随着备选城市到区域中心城市交通时间的缩短，该城市被劳动力选择的可能性降低。

表 7.1　空气污染对劳动力流向的调节机制：基于区际交通时间

	空气污染取对数		空气污染差值取值为-1, 0, 1	
	（1）	（2）	（3）	（4）
空气污染	-1.5680***	-1.6226***		
	（-7.17）	（-7.36）		
到全国中心城市的交通时间× 空气污染	1.2058***	1.3234***		
	（8.90）	（9.55）		
到区域中心城市的交通时间× 空气污染	-0.5312***	-0.7057***		
	（-3.23）	（-4.19）		
空气污染差值			-0.1976***	-0.2059***
			（-4.54）	（-4.71）
到全国中心城市的交通时间× 空气污染差值			0.1959***	0.2109***
			（5.77）	（6.16）
到区域中心城市的交通时间× 空气污染差值			-0.1138*	-0.1364**
			（-1.78）	（-2.09）
到全国中心城市的交通时间	-5.1422***	-5.4941***	-0.5775***	-0.5134***
	（-9.87）	（-10.35）	（-7.54）	（-6.58）
到区域中心城市的交通时间	2.1819***	2.8761***	0.2728***	0.3356***
	（3.74）	（4.79）	（3.93）	（4.73）
流入地流出地距离	-0.7357***	-0.7440***	-0.7308***	-0.7387***
	（-55.18）	（-54.96）	（-54.37）	（-54.17）

续表

	空气污染取对数		空气污染差值取值为-1，0，1	
	(1)	(2)	(3)	(4)
跨省流动（是＝1）	-2.1637***	-2.1567***	-2.1501***	-2.1419***
	(-25.33)	(-25.01)	(-25.11)	(-24.82)
省会（是＝1）	0.6584***	0.8031***	0.7719***	0.9044***
	(5.35)	(6.40)	(6.34)	(7.29)
其他城市特征变量	部分控制	全部控制	部分控制	全部控制
省区固定效应	是	是	是	是
观测量	359296	359296	358656	358656
chi2	14426	14473	14376	14416
Pseudo R^2	0.531	0.533	0.531	0.533

注：①括号内（ ）为 t 值，***、**、* 分别代表在1%、5%、10%水平上显著。②城市区位特征变量包括省会、到北上广深的地理距离、到最近的大城市地理距离，其他城市特征变量包括房价、公共服务（全市普通高等学校数、建成区绿化覆盖率）、城市规模、收入等。③为了消除异方差，本章对二元分类变量之外的变量均取对数形式。④理论上来讲，观测量为城市数量×样本个数（即153×5262），但实际回归过程中，stata15.0软件自动删除一些存在多重共线性的观察值，因此，实际观察点数量小于理论观测量。此外，一些城市特征变量的数据缺失也造成少量的样本量损失。

二、空气污染对劳动力个体的异质性影响

根据(7.2)式，不考虑个体特征变量时，空气污染的拐点为 $(-\beta_0/2\beta_1)$ ，考虑个体差异后，空气污染的拐点为 $-(\beta_0+\beta_4\Lambda_m)/2(\beta_1+\beta_5\Lambda_m)$ 。式(7.2)的估计结果见表7.2。结合拐点的表达式和表7.2的估计系数，可计算出无个体差异的拐点和有个体差异的拐点。考虑个体差异时，拐点随着个体特征变量的变化而变化，表7.2中拐点1和拐点2分别是个体特征变量取最小值和最大值时求得的。

本章以受教育程度作为个体技能的基准衡量指标，表7.2列1报告了不同受教育程度的劳动力对空气污染的异质性反应。从列1可知，空气污染对不同教育

水平劳动力的倒 U 形影响仍然存在，而且相对于受教育程度低的劳动力，受教育程度高的劳动力对空气污染有着更强的容忍度。本章采用的数据中，空气污染均取对数，空气污染对数的取值在 [0.32，4.49]。低教育程度劳动力的拐点为 2.94，该拐点在 0.32 到 4.49，这意味着，当备选城市的空气污染低于 $18.92\mu g/m^3(e^{2.94})$ 时，随着空气污染程度的加重，低教育水平的劳动力流向该城市的可能性增加，当备选城市的空气污染超过 $18.92\mu g/m^3(e^{2.94})$ 时，随着空气污染程度的加重，低教育水平的劳动力流向该城市的可能性下降。然而，高教育水平劳动力的拐点为 13.70，该拐点远高于 4.49，说明空气污染尚未达到高教育程度劳动力的拐点，备选城市的空气污染对高教育水平的劳动力一直表现为拉力。进一步地，考虑到健康、户籍与劳动力技能具有相关性，表 7.2 列 2 和列 3 分别从健康、户籍类型两个指标来衡量劳动力的技能。从列 2 可知，相对于低健康水平的劳动力，高健康水平的劳动力对空气污染的反应更不敏感。从列 3 可知，农业户口的劳动力对空气污染的反应为倒 U 形，而非农户口的劳动力对空气污染的反应处在"倒 U 形"的上升阶段。

表 7.2 考虑个体差异的条件 Logit 估计结果

个体特征变量	（1）受教育程度	（2）健康水平	（3）户籍
空气污染	4.4419***	11.9047***	5.2698***
	（4.08）	（2.82）	（3.28）
空气污染平方	−0.7663***	−1.8317***	−0.7454***
	（−4.63）	（−3.01）	（−3.33）
空气污染×	−1.0509***	−1.9271*	−4.4681**
个体差异	（−2.76）	（−1.96）	（−2.26）
空气污染平方×	0.1894***	0.3143**	0.6968**
个体差异	（3.26）	（2.21）	（2.45）
无个体差异的拐点	2.90	3.25	3.53
有个体差异的拐点 1	2.94	3.29	3.53
有个体差异的拐点 2	13.70	4.36	8.25

续表

个体特征变量	（1） 受教育程度	（2） 健康水平	（3） 户籍
城市特征变量	是	是	是
省区固定效应	是	是	是
个体特征变量	受教育程度	健康水平	户籍
观测值	631764	359040	358144
Pseudo R^2	0.515	0.528	0.527

注：括号内（）为 t 值，＊＊＊、＊＊、＊分别代表在1%、5%、10%水平上显著。城市特征变量包括流入地流出地距离、跨省流动、城市区位特征变量和其他城市特征变量。

综上所述，表7.2列1—列3的估计结果一致表明，相对于低技能劳动力，高技能劳动力表现出对空气污染的较强忍受力，这和假说5相符，也和现实情况一致。究其原因，污染严重的地区大多是经济发达地区，高技能人才在这些地区获得更高经济报酬的同时，也更注重健康投资或要求更高水平的"污染-健康"补偿，但低技能人才在这些地区的工资可能难以维系健康投资的支出。

第三节　空气污染对劳动力流向的中介机制

空气污染影响区位选择的前提是劳动力感知到了空气污染的存在，并在流动决策过程中对空气污染的重要性及后果给予了足够的关注。实际上，2008年以前，中国民众较少意识到空气质量问题的重要性，整体上并没有将空气污染的后果严重性纳入跨区流动决策体系之中。然而，自2008年雾霾事件后，空气质量逐渐成为人们谈论的话题，越来越多的中国人开始感受到"雾霾"的存在，空气污染对健康的影响成为人们选择工作地或居住地时重点考虑的因素之一。2013年，"雾霾"成为了年度关键词，这反映了中国民众对空气污染及其后果认知水平上升到了一个新的历史阶段。显然，流入地的空气污染程度是否会通过劳动力的污染感知结果而作用于其区位选择决策，是值得进一步验证的问题。鉴于此，本章选取污染感知作为中介变量，建立中介效应模型，检验空气污染是否通过影响污染感知进而影响劳动力的区位选择。

本章采用三个指标衡量污染感知，分别为社区污染感知，访员污染感知和家庭污染感知。前两个指标来自社区问卷，CLDS2014年和CLDS2016年的社区问卷就"您觉得本社区空气污染的严重程度如何"进行了提问，答案选项有五个，从"无污染""不严重""一般""比较严重"到"非常严重"，相应地用数字1到5来表示。同时，社区问卷还记录了访员对不同社区空气污染的主观评价，访员污染感知分为五档，用1到5表示"无污染"到"非常严重"。第三个指标来自家庭问卷，CLDS2014年和CLDS2016年的社区问卷询问了每个家庭所在居住地的空气污染严重程度，答案分为4档，"1"表示一点也不严重，"4"表示非常严重。本章将上述三个指标基于地址编码，求得城市层面的均值，并将均值和个人问卷的地理信息相匹配，从而运用中介效应模型的思路进行机制分析。

表7.3报告了中介效应模型的基本结果。列1未加入中介变量，列2、列3和列4在列1基础上加入了污染感知变量，列2、列3和列4的污染感知变量分别为社区污染感知、访员污染感知和家庭污染感知。和列1相比，列2、列3和列4中空气污染、空气污染平方的系数显著性均下降，系数估计值的绝对值也都出现下降，列3中空气污染平方的系数不再显著。据此，可初步认为，污染感知可能是空气污染影响劳动力区位选择的中介路径。然而仅根据表7.3，尚不能得出中介效应是否显著的结论。

表7.3 中介效应模型的条件 Logit 估计结果：以污染感知为中介变量

| | 无中介变量 | 社区污染感知 | 访员污染感知 | 家庭污染感知 |
	（1）	（2）	（3）	（4）
空气污染	5.1615***	3.8244**	2.5775*	3.2434**
	（3.46）	（2.04）	（1.67）	（2.12）
空气污染平方	−0.7021***	−0.5716**	−0.3465	−0.4830**
	（−3.40）	（−2.22）	（−1.62）	（−2.28）
污染感知		2.1172***	1.7077***	7.4308***
		（6.40）	（7.46）	（8.71）

续表

	无中介变量 （1）	社区污染感知 （2）	访员污染感知 （3）	家庭污染感知 （4）
污染感知平方		-0.3758***	-0.3165***	-1.6380***
		(-6.83)	(-7.07)	(-7.75)
控制变量	是	是	是	是
	（1）	（2）	（3）	（4）
省区固定效应	是	是	是	是
观测量	359296	162701	339648	359296
Pseudo R^2	0.544	0.544	0.525	0.532

注：①括号内( )为 t 值，***、**、*分别代表在1%、5%、10%水平上显著。②控制变量包括流入地流出地距离、跨省流动、省会、房价、人均收入、全市普通高等学校数、建成区绿化覆盖率(%)、人口、到全国中心城市的地理距离、到最近的区域中心城市的地理距离等。

　　进一步地，本章进行中介效应检验。Sobel(1982)提出的中介效应系数乘积项检验法是最为常见的中介效应检验法，但该方法仅适用于线性中介效应模型。本章的中介效应模型由一组非线性的条件 Logit 回归方程组成。幸运的是，Breen 等(2013)提出的 KHB 方法支持条件 Logit 模型的中介效应检验，也适用于多个中介变量的情形。本章基于 KHB 方法进行中介效应检验，结果如表 7.4 所示。各列空气污染的中介效应系数均显著为正，空气污染平方项的中介效应系数均显著为负(列 3 除外)，说明污染感知的确发挥了显著的中介效应作用。此外，各列空气污染的总效应系数均显著为正，空气污染平方项的总效应系数均显著为负，这再次佐证了空气污染和劳动力区位选择存在"倒 U 形"关系，进而又一次证实了假说 4。

表 7.4　基于 KHB 方法的中介效应检验

中介变量	社区污染感知 （1）	访员污染感知 （2）	家庭污染感知 （3）
空气污染			
总效应	3.1348***	2.9041***	2.2856***
	(10.25)	(−11.05)	(9.38)
中介效应	0.1366***	0.7233***	0.4213***
	(8.18)	(28.22)	(25.21)
空气污染平方			
总效应	−0.5109***	−0.4445***	−0.3563***
	(−10.81)	(11.14)	(−9.47)
中介效应	−0.0290***	−0.0764***	−0.0115
	(−2.68)	(−8.68)	(−1.05)
观测量	332476	768516	805086

注：括号内( )为 t 值，***、**、*分别代表在1%、5%、10%水平上显著。

上述结果表明：客观的空气污染水平通过影响劳动力对空气污染的主观感知结果进而影响其区位选择决策。这里的主观感知不仅包括了劳动力对空气污染本身的认知，还反映了劳动力对当地政府空气污染治理工作有效性的潜在评价。这些认知和评价影响了劳动力对流入城市空气质量的长期判断，从而在很大程度上左右了其区位选择。

第四节　本 章 小 结

大规模的高铁建设在缩短区际交通时间的同时，是否对空气污染与劳动力区位选择之间的关系产生重要影响？不同个体特征的劳动力是否对空气污染做出不同的城市选择？空气污染感知是否发挥了显著的中介效应？本章主要围绕这三个问题，展开实证研究。结果发现：①交通便利性与空气污染两大因素对流入地城市的人才资源形成了"虹吸叠加效应"。换言之，提高某一城市到中心城市的交通便利性不仅不能减弱空气污染导致的人才流失，相反，还将加剧空气污染对劳动力流入的阻力。②空气污染对劳动力区位选择的影响有着显著的个体异质性特征，空气污染对低技能劳动力流入的抑制作用大于高技能劳动力。基于此，长期的空气污染治理不力将导致越来越多的低技能劳动力流出，最终可能引发城市劳动力的结构性失衡。③劳动力对空气污染的主观感知是客观空气质量影响其区位选择的重要途径，因此，公众对空气污染的主观感知问题需要引起高度重视。上述结论在多种替代方法检验、解决内生性问题以及控制污染空间扩散问题后，依然稳健。

本书的政策含义体现在如下三个方面：第一，污染治理对维持合理的人才结构有着重要意义。高技能的人才固然不可或缺，低技能的人才同样重要。本书的研究发现，当污染程度超过低技能劳动力可以忍受的拐点后，越来越多的低技能劳动力会迅速"逃离"，从而导致该城市的劳动力市场陷入结构失衡的困境。空气污染治理作为一种公共品，不仅是政府吸引或留住人力资本的一种投资，也是维系城市内部高、低技能劳动力合理结构的必然要求。第二，交通便利性的提高愈发凸显了非中心城市空气污染治理的紧迫性和必要性。空气污染治理不仅仅是中心城市的当务之急，更是周边中小城市吸引劳动力、维持人才资源优势的一大法宝。第三，劳动力的区位选择不仅受到流入地客观空气质量的影响，还与主观感知到的污染水平有相当大的关系。提升信息透明度、改善公众主观感知是空气污染治理工作的重要环节。

◎ 本章参考文献

[1]夏怡然，陆铭.城市间的"孟母三迁"——公共服务影响劳动力流向的经验研究[J].管理世界，2015(10).

[2]肖挺.环境质量是劳动人口流动的主导因素吗？——"逃离北上广"现象的一种解读[J].经济评论，2016(2).

[3]杨振宇，张程.东迁、自选择与劳动力溢价："孔雀东南飞"背后的故事[J].经济学(季刊)，2018(4).

[4]张磊，韩梦，陆小倩. 城镇化下北方省区集中供暖耗煤及节能潜力分析[J].
中国人口·资源与环境，2015，25(8)：58-68.

[5]张莉，何晶，马润泓. 房价如何影响劳动力流动[J]. 经济研究，2017(8).

[6]章莉，李实，William A. Darity Jr，等. 中国劳动力市场就业机会的户籍歧视
及其变化趋势[J]. 财经研究，2016，42(1)：4-16.

[7]章莉，吴彬彬，李实，等. 部门进入的户籍壁垒对收入户籍歧视的影响——
基于微观模拟方法的收入差距分解[J]. 中国农村经济，2016(2)：36-51.

[8]赵峰，星晓川，李惠璇. 城乡劳动力流动研究综述：理论与中国实证[J]. 中
国人口·资源与环境，2015，25(4)：163-170.

[9]赵伟，隋月红. 集聚类型、劳动力市场特征与工资——生产率差异[J]. 经济
研究，2015(6)：33-45.

[10]甄小鹏，凌晨. 农村劳动力流动对农村收入及收入差距的影响——基于劳动
异质性的视角[J]. 经济学(季刊)，2017(2)：1073-1096.

[11]钟笑寒. 劳动力流动与工资差异[J]. 中国社会科学，2006(1)：34-46.

[12]Behrens K, Duranton G, Robert-Nicoud F. Productive Cities：Sorting,
Selection，and Agglomeration[J]. Journal of Political Economy，2014，122(3)：
507-553.

[13]Berry S, Levinsohn J, Pakes A. Automobile Prices in Market Equilibrium[J].
Econometrica，1995，63：841-890.

[14]Breen R, Karlson K, Holm A. Total，Direct，and Indirect Effects in Logit and
Probit Models[J]. Sociological Methods & Research，2013，42(2)：164-191.

[15]Chen S, Oliva P, Zhang P. The Effect of Air Pollution on Migration：Evidence
from China[J]. NBER Working Paper，2017，no. w24036.

[16]Chen S, Guo C, Huang X. Air Pollution，Student Health，and School Absences：
Evidence from China[J]. Journal of Environmental Economics and Management，
2018，92：465-497.

[17]Coniglio N. Regional Integration and Migration：An Economic Geography Model
With Heterogeneous Labour Force[J]. Glasgow University，Discussion Paper，
2002，no. 2003-1.

[18]Duranton G, Puga D. Micro-Foundations of Urban Agglomeration Economies[J]. Handbook of Regional and Urban Economics, 2004, 4: 2063-2117.

[19] McFadden D. Conditional Logit Analysis of Qualitative Choice Behavior [M]. Academic Press, Salt Lake City, 1974.

[20]Sobel M. Asymptotic Confidence Intervals for Indirect Effects in Structural Equations Models//Leinhart S. Sociological methodology [M]. San Francisco, CA: Jossey-Bass, 1982: 290-312.

[21]Roy L, Case M A. Recursively Enriched Dynamic Combinatorial Libraries for the Self-selection of Optimally Stable Proteins[J]. Journal of Physical Chemistry B, 2013, 115(10): 2454-2464.

[22]Tombe T, Zhu X. Trade Liberalization, Internal Migration and Regional Income Differences: Evidence from China. University of Toronto, working paper, 2015.

[23]Venables A. Productivity in Cities: Self-selection and Sorting [J]. Journal of Economic Geography, 2011, 11(2): 241-251.

[24] Wang Z, Graaff T D, Nijkamp P. Cultural Diversity and Cultural Distance as Choice Determinants of Migration Destination [J]. Spatial Economic Analysis, 2015, 11(2): 1-25.

第八章 总　　论

第一节　全　书　总　结

近年来，越来越多的城市认识到人才对经济发展的重要性，却忽略了空气污染对人才流入的潜在阻力。本书遵循理论-实证的技术路径，以劳动力"是否流动""流向何方"为切入点，深入研究了空气污染对劳动力离乡决策的影响、空气污染对劳动力区位选择的影响，以及不同劳动力对城市空气污染做出的异质性反应等。全书内容可归纳为以下五个部分。

一、空气污染对劳动力流动的影响：基于 NEG 模型的理论研究

1. 主体内容与结论

第三章在传统的 NEG 模型的基础上做出两种改进。一是加入污染的外部性，建立一个包含污染的自由企业家模型，二是将劳动力分为高技能和低技能两种，即将自由企业家模型拓展到劳动力异质性的情况，进而讨论同等程度的污染对高、低技能劳动力的异质性影响。对改进后的数理模型进行了均衡分析，我们借助 Matlab 软件，进行了系列数值模拟，得到五个重要的理论假说。具体而言：①总体而言，一个区域的空气污染降低了该地区对劳动力的吸引力。②随着对外开放度的提高，劳动力选择离开家乡的倾向随之下降。③区际交通便利性越高的区域，空气污染对劳动力流入的阻碍作用越强。④随着空气污染程度的加重，空气污染和劳动力区位选择之间存在"倒 U 形"关系。⑤相对于高技能劳动力，低技

能劳动力对空气污染的反应更敏感。

2. 研究价值、政策启示

接下来的第四章、第五章、第七章的实证分析均围绕上述五个理论假说展开，毫无疑问，本章的研究不仅为全书的顺利完成打下了良好的理论基础，也具有一定研究意义。这主要体现在，首先，将空气污染引入同质性劳动力和异质性劳动力区位选择的分析框架中，拓宽了空气污染的研究范围，也丰富了劳动力区位选择理论，为两者的交叉研究开辟了一个新的视角。其次，利用新经济地理学来研究空气污染和劳动力区位选择的关系，拓展了新经济地理学在环境经济学和劳动经济学相关研究上的应用广度和深度，为新经济地理学、环境经济学和劳动经济学在学科交叉领域的融合及拓展性研究提供新的指引，为经济社会发展提供更加科学的指导和决策依据。再者，传统劳动经济学领域研究劳动力流动的理论文献几乎都是在 Roy（1951）提出的自选择（Self-selection）模型的基础上进行改进和拓展，其典型缺点是忽略了不同区位的空间异质性，将新经济地理学（New Economic Geography，NEG）模型引入劳动经济学的研究则可以弥补这一缺点。

二、空气污染对劳动力是否流动的影响：基于微观数据的实证研究

1. 主体内容与结论

第四章利用 CLDS 微观数据，设置劳动力是否离开家乡为二元变量（离开/流动=1，不离开/不流动=0），并根据劳动力是否跨省流动设置有序分类变量（跨省流动=2，省内流动=1，不流动=0），以家乡（14 岁时的居住地）到区域中心大城市的最短距离、到全国经济中心城市的最短距离作为对外开放度的局部衡量指标和全局衡量指标，先后建立二值选择模型和排序模型，验证了家乡的空气污染对劳动力离开家乡的正向推动作用（假说 1），以及对外开放度的提高对劳动力离开家乡的负向抑制作用（假说 2）。主要结论有：①一个地区的空气污染不利于该地区留住人才。②从局部角度来看，到区域中心大城市的最短距离越长，越有利于劳动力跨县市流动；从全局角度来看，到全国经济中心城市的最短距离越长，劳动力更倾向于离开家乡。③相对于不使用互联网的劳动力，使用互联网的动力

更倾向于跨县市流动，离开家乡的可能性更高。相对于使用互联网的家庭，不使用互联网的家庭对家乡空气污染的反应更敏感。

2. 研究价值、政策启示

大量研究表明，实现区域经济协调发展的一大难题是，落后地区面临着大量的人才流失问题。本章的研究为落后地区、欠发达地区留住人才提供了一种新的思路，即除了工资待遇、社会保障等众所周知的"硬条件"之外，吸引人才还要看"软实力"，譬如空气质量、生态环境等。本章的政策启示是显而易见的，通过提升一个地区的空气质量、改善生态环境，一定程度上可降低人才流失程度，空气质量是一个地区留住人才的重要因素之一。

三、空气污染对劳动力是否流动的影响：基于宏观数据的实证研究

1. 主体内容与结论

第四章主要探讨的是微观劳动力个体的离乡决策是否受到城市空气污染的影响，属于微观层面的实证研究。基于微观数据的研究一定程度上可以避免劳动力个体的异质性问题，不过，要考察城市空气质量对劳动力的总体吸引力，还需要运用加总数据进行回归分析。第五章在第四章的基础上，用城市层面的劳动力净流出数据衡量劳动力的总体流动情况，基于宏观数据，进一步探讨城市的劳动力净流出是否受到城市空气污染的影响。第五章基于面板双向固定效应模型和空间面板模型的实证结果发现：①一个城市的空气污染是导致劳动力净流出的显著性因素；②尽管北方的冬季集中供暖可能导致了"供暖式雾霾"，但集中供暖并未显著作用于空气污染对劳动力净流出的正向影响。

2. 研究价值、政策启示

第四章为假说 1 提供了一个微观层面的数据支撑。本章则为假说 1 提供了一个宏观层面的数据支撑。第四章和第五章分别从微观和宏观两个维度证实了空气污染治理对提升城市人才吸引力的重要作用，从而为地方政府的污染防治提供内生性的驱动力。在属地化环境管理体制下，地方政府是空气污染治理的责任主

体，约谈什么就治理什么、督察什么就响应什么等被动式治理现象屡见不鲜。这反映出，依靠中央政府行政力量推动地方空气污染治理在短期内可能有效，在长期却存在着先天性不足。因此，如何提升地方政府治理污染的内在动力是一个现实问题。第四章和第五章的研究表明，卓有成效的污染治理实际上也是人力资本的一种间接投资，这就从人才引进的角度为污染防治工作提供了根本性驱动力，也为地方政府在污染治理和经济高质量发展、行政力量推动与市场机制激励之间找到合适的平衡点，并为习总书记"绿水青山就是金山银山"的战略思想作出了一种新的解读。

四、空气污染对劳动力流向何方的影响：基于条件 Logit 的实证研究

1. 主体内容与结论

第六章将 2012 年、2014 年和 2016 年 CLDS 个体微观数据与空气污染等城市特征数据进行精确匹配，得到实际样本容量为 5262×153 的长数据集，在此基础上进行实证检验，从而为理论假说提供了严格的证据支持。主要结论可以概括为：①一个城市的空气污染总体上降低了劳动力流入的可能性，随着空气质量的持续下滑，空气污染对劳动力区位选择产生先吸引后抑制的"倒 U 形"影响。②考虑空气污染的内生性问题后，空气污染和劳动力的区位选择仍然存在显著的"倒 U 形"关系，拐点为 2.96。这意味着，当空气污染低于 $19.30\mu g/m^3$（ $e^{2.96}$ ）时，空气污染对劳动力流入表现为拉力，当空气污染高于 $19.30\mu g/m^3$ 时，空气污染对劳动力流入表现为推力。③考虑空气污染的空间相关性后，空气污染对劳动力流入的阻碍效应仍然显著。

2. 研究价值、政策启示

在中国经济已由高速增长转向高质量发展的背景下，本章的结论具有重要的政策启示。某一城市空气质量的持续下降将阻碍劳动力流入，而通过治理空气污染，把空气污染水平降低到拐点以下，则可以化阻力为拉力，进而吸引人才资源流入。

五、空气污染对劳动力流向的作用机制：调节效应和中介效应

第七章结合高铁建设、教育等影响中国劳动力流动的具体国情因素，进一步地展开机制分析，以期得到更丰富的结论。主要包括两个方面：一是调节机制，分别从城市特征与个体特征两个维度展开，二是中介机制，主要以污染感知为中介变量进行检验。研究结果发现：①提高某一城市到中心城市的交通便利性不仅不能减弱空气污染导致的人才流失，相反，还将加剧空气污染对劳动力流入的阻力。②空气污染对低技能劳动力流入的抑制作用大于高技能劳动力。基于此，长期的空气污染治理不力将导致越来越多的低技能劳动力流出，最终可能引发城市劳动力的结构性失衡。③劳动力对空气污染的主观感知是客观空气质量影响其区位选择的重要途径，因此，公众对空气污染的主观感知问题需要引起高度重视。

本章的研究具有一定的应用价值，主要体现在：①通过引入劳动力的异质性，探讨空气污染对不同年龄、不同受教育程度的劳动力的区位选择的差异化影响，进而对当前各大城市的人才新政能否吸引到与产业结构精准匹配的劳动力、能否达到"人尽其才、物尽其用"作出一定的判断；②通过考察空气污染对劳动力个体区位选择的作用机制，进而为当前愈演愈烈的人才争夺战提供一种新的人才引进思路。

第二节　相关政策建议

综合全书的研究结论，提出如下四个方面的政策建议：

第一，理顺空气污染治理与城市劳动力资源集聚之间的理论内涵，可以为地方政府的污染防治提供内生性的驱动力。近十年来，中国政府在空气污染防治领域取得了非常大的成就，打赢蓝天保卫战已成为国家生态环境治理的重要政策目标。但是，在属地化环境管理体制下，地方政府是空气污染治理的责任主体，约谈什么就治理什么、督察什么就响应什么等被动式治理现象屡见不鲜。这反映出，依靠中央政府行政力量推动地方空气污染治理在短期内可能有效，在长期却存在着先天性不足。因此，如何提升地方政府治理污染的内在动力是一个现实问题。本书的研究表明，一个城市的污染防治工作可以弱化空气污染对劳动力流入

的阻力，当治理达到足够的水平时，空气质量改善将有助于达成"治污引智"的目标，即卓有成效的污染治理实际上也是人力资本的一种间接投资，这就从人才引进的角度为污染防治工作提供了根本性驱动力，也为地方政府在污染治理和经济高质量发展、行政力量推动与市场机制激励之间找到合适的平衡点，并为习近平总书记"绿水青山就是金山银山"的战略思想作出了一种新的解读。

第二，污染治理对维持合理的人才结构有着重要意义。主流劳动经济学认为，一个城市的高低技能劳动力必须是"互补"的，合理的人才结构是劳动力市场有效运作的必备条件。因此，在经济高质量发展过程中，高技能的人才固然不可或缺，低技能的人才同样重要。本书的研究发现，当污染程度超过低技能劳动力可以忍受的拐点后，越来越多的低技能劳动力会迅速"逃离"，从而导致该城市的劳动力市场陷入结构失衡的困境。空气污染治理作为一种公共品，不仅是政府吸引或留住人力资本的一种投资，也是维系城市内部高、低技能劳动力合理结构的必然要求。污染治理还有利于提高人力资本和区域集聚程度，激发持续的正外部效应，吸引更多的高技能人才流入。基于此，空气质量的改善对劳动力市场至少会带来两个方面的红利：一是形成健全的人才结构，有利于劳动力市场三大机制（学习、分享和匹配，Duranton and Puga，2004）的正常运作，避免产业生产活动出现"用工荒"；二是获得健康的人力资本，降低人们因污染的负外部性而付出的健康成本，提高流入劳动力的寿命预期，① 为经济高质量发展储备有效人力资本。

第三，非中心城市更需要通过空气污染治理来吸引人才的流入。随着高铁线路的不断扩张，区际交通时间随之缩短，劳动力在城市间流动所需的时间空前压缩。本书的研究结果表明，对于一些不具有虹吸效应的非中心城市而言，交通时间的缩短不但无助于留住人才，反而在空气污染和交通便利性的负向交互影响下，还将流失更多的人才。因此，交通便利性的提高愈发凸显了非中心城市空气污染治理的紧迫性和必要性。空气污染治理不仅仅是中心城市的当务之急，更是

---

① 芝加哥大学能源政策研究所（EPIC）的一项新研究发现，空气污染导致全球平均寿命缩短近 2 年。参见《最新报告显示：空气污染导致寿命缩减，全球平均寿命已缩短 1.8 年》，http：//dy.163.com/v2/article/detail/E12P42M90530UC9E.html。

周边中小城市吸引劳动力、维持人才资源优势的一大法宝。

最后，提升信息透明度、改善公众主观感知是空气污染治理工作的重要环节。劳动力的区位选择不仅受到流入地客观空气质量的影响，还与主观感知到的污染水平有相当大的关系。政府部门在改善客观空气质量的同时，尤其要注重公众对污染治理工作的主观评价。显然，如果空气质量改善但公众的污染感知结果没有改变的话，那么政府污染治理的人才红利将大打折扣。因此，为了更好地捕获流动人才红利，政府部门需要采取系列配套措施来改变公众的主观污染感知，例如，综合利用电视、报纸、网络、移动互联网、自媒体等多种媒体渠道，如实、及时、公开地披露空气污染治理规划、措施及成效等信息，有的放矢地做好公关和宣传工作、全方位提升城市的宜居文明形象。

第三节　未来的研究方向

本书还有进一步拓展和深入研究的空间，这主要体现在以下两个方面。

首先，本书建立的理论模型是在新经济地理学模型的框架下构建的，该模型延续了新经济地理学模型的基本特征（空间维度），而能够解决人力资本在区域间流动的长期均衡问题，然而，新经济地理学模型难以解释经济活动的动态变化，这是接下来需要突破的方向之一。

其次，本书使用的微观数据有两套，一套是中国劳动力动态调查（CLDS）数据，另外一套是 2005 年 1% 人口抽样调查数据。此外还有三套微观数据满足本书的数据要求，但未能成功获取，即 2010 年第六次人口普查微观数据、2015 年1% 人口抽样调查微观数据和中国城乡人口流动调查（RUMiC）2008 年、2009 年的个体数据。[1] 未来的研究中，可尝试获取这三套数据展开丰富的实证研究。

◎ **本章参考文献**

[1] 安虎森，周亚雄. 区际生态补偿主体的研究：基于新经济地理学的分析[J].

---

① 中国城乡人口流动调查的调查对象覆盖全国 9 个省份 15 个城市，分别是上海、广州、深圳、东莞、南京、无锡、杭州、宁波、武汉、合肥、蚌埠、郑州、洛阳、重庆、成都。

世界经济，2013(2)：117-136.

[2]安虎森.新经济地理学原理[M].经济科学出版社，2009.

[3]曹静，王鑫，钟笑寒.限行政策是否改善了北京市的空气质量[J].经济学（季刊），2014，13(2)：1091-1126.

[4]都阳，蔡昉，屈小博，程杰.延续中国奇迹：从户籍制度改革中收获红利[J].经济研究，2014(8).

[5]黄寿峰.财政分权对中国雾霾影响的研究[J].世界经济，2017(2).

[6]梁琦，陈强远，王如玉.户籍改革、劳动力流动与城市层级体系优化[J].中国社会科学，2013(12).

[7]陆铭.城市、区域和国家发展——空间政治经济学的现在与未来[J].经济学（季刊），2017(4).

[8]罗勇，王亚，范祚军.异质型人力资本、地区专业化与收入差距——基于新经济地理学视角[J].中国工业经济，2013(2).

[9]张莉，何晶，马润泓.房价如何影响劳动力流动[J].经济研究，2017(8).

[10]Forslid R, Ottaviano G. An Analytically Solvable Core-periphery Model[J]. Journal of Economic Geography, 2003, 3(3)：229-240.

[11]Halleck Vega, Sol Maria, Elhorst J P. The SLX model：Extensions and the sensitivity of spatial spillovers to W[J]. Papeles de Economia Espanola, 2017, 152：34-50.

[12]Lemieux T, Lee D S. Regression Discontinuity Design in Economics[J]. Journal of Economic Literature, 2010, 48(2)：281-355.

[13]Andersson F, Forslid R. Tax Competition and Economic Geography[J]. Journal of Public Economic Theory, 2003, 5(2)：279-303.

[14]Avraham Ebenstein, Maoyong Fan, Michael Greenstone, Guojun He, and Maigeng Zhou. New Evidence on the Impact of Sustained Exposure to Air Pollution on Life Expectancy from China's Huai River Policy[J]. NBER, 2017, working paper.

[15]Berk R, David Rauma. Capitalizing on Nonrandom Assignment to Treatments：A Regression-Discontinuity Evaluation of a Crime-Control Program[J]. Publications

of the American Statistical Association, 1983, 78(381): 21-27.

[16]Black S E. Do Better Schools Matter? Parental Valuation of Elementary Education[J]. Quarterly Journal of Economics, 1999, 114(2): 577-599.

[17]Dell M. The Persistent Effects of Peru's Mining Mita[J]. Econometrica, 2010, 78 (6): 1863-1903.

[18]Lesage J P, Pace R K. Introduction to Spatial Econometrics [M]. CRC Press, 2009.

[19]Roy L, Case M A. Recursively Enriched Dynamic Combinatorial Libraries for the Self-selection of Optimally Stable Proteins[J]. Journal of Physical Chemistry B, 2013, 115(10): 2454-2464.

附　　录

表 1　样本一的备选城市名称对照表

编号	城市	编号	城市	编号	城市	编号	城市
1	鞍山市	22	合肥市	45	梅州市	65	宿迁市
2	安顺市	23	衡阳市	46	南充市	66	台州市
3	百色市	24	淮南市	47	南京市	67	泰安市
4	保定市	26	惠州市	48	宁波市	68	太原市
5	宝鸡市	27	吉林市	49	攀枝花市	69	唐山市
6	北京市	28	济南市	50	盘锦市	70	天津市
7	长春市	29	济宁市	51	平顶山市	72	潍坊市
8	长沙市	30	嘉兴市	52	平凉市	73	温州市
9	潮州市	32	揭阳市	53	青岛市	75	乌鲁木齐市
11	大连市	33	锦州市	54	泉州市	76	无锡市
13	佛山市	34	晋城市	55	三明市	77	武汉市
14	福州市	35	荆门市	56	商丘市	78	武威市
15	阜阳市	37	昆明市	57	上海市	79	西安市
16	赣州市	38	廊坊市	58	上饶市	80	西宁市
17	广州市	39	辽阳市	59	韶关市	82	厦门市
18	贵港市	40	临汾市	60	深圳市	83	咸宁市
19	贵阳市	41	临沂市	61	沈阳市	84	湘潭市
20	哈尔滨市	42	六安市	63	松原市	86	信阳市
21	杭州市	44	茂名市	64	苏州市	87	许昌市

续表

编号	城市	编号	城市	编号	城市	编号	城市
89	扬州市	92	玉溪市	96	张掖市	99	郑州市
90	阳江市	94	漳州市	97	昭通市	102	重庆市
91	宜春市	95	张家口市	98	肇庆市		

表2　样本二的备选城市名称对照表

离乡半年到1年		离乡1年到2年		离乡2年到3年		离乡3年到4年		离乡4年到5年	
编号	城市	编号	城市	编号	城市	编号	城市	编号	城市
1	北京市	1	北京市	1	北京市	1	北京市	1	北京市
2	天津市	2	天津市	2	天津市	2	天津市	2	天津市
3	石家庄市	3	石家庄市	3	石家庄市	3	石家庄市	3	石家庄市
4	唐山市	4	唐山市	4	唐山市	4	唐山市	4	唐山市
5	秦皇岛市	5	秦皇岛市	5	秦皇岛市	5	邯郸市	5	保定市
6	邯郸市	6	邢台市	6	邢台市	6	保定市	6	承德市
7	邢台市	7	保定市	7	保定市	7	张家口市	7	沧州市
8	保定市	8	张家口市	8	张家口市	8	沧州市	8	衡水市
9	承德市	9	承德市	9	承德市	9	廊坊市	9	太原市
10	沧州市	10	沧州市	10	沧州市	10	太原市	10	大同市
11	廊坊市	11	廊坊市	11	廊坊市	11	大同市	11	阳泉市
12	衡水市	12	衡水市	12	衡水市	12	阳泉市	12	晋城市
13	太原市	13	太原市	13	太原市	13	长治市	13	运城市
14	大同市	14	大同市	14	大同市	15	忻州市	14	忻州市
15	阳泉市	15	阳泉市	15	阳泉市	16	临汾市	15	呼和浩特市
16	长治市	16	长治市	16	长治市	17	呼和浩特市	16	包头市
17	晋城市	17	晋城市	17	晋城市	18	包头市	17	乌海市
20	运城市	20	忻州市	20	运城市	19	乌海市	24	沈阳市
21	忻州市	21	临汾市	21	忻州市	20	通辽市	25	大连市
22	临汾市	23	呼和浩特市	22	临汾市	27	沈阳市	26	抚顺市

离乡半年到1年		离乡1年到2年		离乡2年到3年		离乡3年到4年		离乡4年到5年	
23	呼和浩特市	24	包头市	24	呼和浩特市	28	大连市	27	丹东市
24	包头市	25	乌海市	25	包头市	29	鞍山市	28	锦州市
25	乌海市	26	赤峰市	26	乌海市	30	抚顺市	29	营口市
26	通辽市	27	通辽市	27	通辽市	31	本溪市	30	阜新市
29	沈阳市	35	沈阳市	34	沈阳市	32	丹东市	31	辽阳市
30	大连市	36	大连市	35	大连市	33	锦州市	32	盘锦市
31	鞍山市	37	鞍山市	36	鞍山市	34	营口市	33	葫芦岛市
32	抚顺市	38	抚顺市	37	抚顺市	35	辽阳市	34	长春市
33	本溪市	39	本溪市	38	本溪市	36	盘锦市	35	吉林市
34	丹东市	40	丹东市	39	丹东市	37	葫芦岛市	38	哈尔滨市
35	锦州市	41	锦州市	40	锦州市	38	长春市	39	鸡西市
36	营口市	42	营口市	41	营口市	39	吉林市	40	鹤岗市
37	阜新市	43	阜新市	42	阜新市	40	四平市	41	双鸭山市
38	辽阳市	44	辽阳市	43	辽阳市	41	辽源市	42	大庆市
39	盘锦市	45	朝阳市	44	盘锦市	42	通化市	43	佳木斯市
40	朝阳市	46	葫芦岛市	45	长春市	44	哈尔滨市	44	七台河市
41	葫芦岛市	47	长春市	46	吉林市	45	鸡西市	45	牡丹江市
42	长春市	48	吉林市	47	通化市	46	鹤岗市	46	黑河市
43	吉林市	49	四平市	48	白山市	47	大庆市	47	绥化市
44	四平市	50	辽源市	50	哈尔滨市	48	伊春市	49	上海市
45	通化市	51	通化市	51	齐齐哈尔市	49	佳木斯市	50	南京市
46	白山市	52	白山市	52	鸡西市	50	七台河市	51	无锡市
47	白城市	53	白城市	53	双鸭山市	51	牡丹江市	52	常州市
49	哈尔滨市	55	哈尔滨市	54	大连市	52	黑河市	53	苏州市
50	齐齐哈尔市	56	齐齐哈尔市	55	佳木斯市	53	绥化市	54	南通市
51	鸡西市	57	鸡西市	56	七台河市	55	上海市	55	连云港市
52	鹤岗市	58	大庆市	57	牡丹江市	56	南京市	56	扬州市
53	双鸭山市	59	七台河市	58	黑河市	57	无锡市	57	镇江市

续表

离乡半年到1年		离乡1年到2年		离乡2年到3年		离乡3年到4年		离乡4年到5年	
54	大庆市	60	牡丹江市	60	上海市	58	徐州市	58	泰州市
55	佳木斯市	61	黑河市	61	南京市	59	常州市	59	杭州市
56	七台河市	63	上海市	62	无锡市	60	苏州市	60	宁波市
57	牡丹江市	64	南京市	63	徐州市	61	南通市	61	温州市
58	黑河市	65	无锡市	64	常州市	62	连云港市	62	嘉兴市
60	上海市	66	徐州市	65	苏州市	64	扬州市	63	湖州市
61	南京市	67	常州市	66	南通市	65	镇江市	64	绍兴市
62	无锡市	68	苏州市	67	盐城市	66	泰州市	65	金华市
63	徐州市	69	南通市	68	扬州市	67	杭州市	66	衢州市
64	常州市	71	扬州市	69	镇江市	68	宁波市	67	舟山市
65	苏州市	72	镇江市	70	泰州市	69	温州市	68	台州市
66	南通市	73	泰州市	71	宿迁市	70	嘉兴市	69	丽水市
67	盐城市	74	宿迁市	72	杭州市	71	湖州市	70	合肥市
68	扬州市	75	杭州市	73	宁波市	72	绍兴市	71	芜湖市
69	镇江市	76	宁波市	74	温州市	73	金华市	72	蚌埠市
70	泰州市	77	温州市	75	嘉兴市	74	舟山市	73	淮南市
71	宿迁市	78	嘉兴市	76	湖州市	75	台州市	74	马鞍山市
72	杭州市	79	湖州市	77	绍兴市	76	丽水市	75	铜陵市
73	宁波市	80	绍兴市	78	金华市	77	合肥市	76	阜阳市
74	温州市	81	金华市	79	衢州市	78	芜湖市	77	宿州市
75	嘉兴市	82	衢州市	80	舟山市	79	淮南市	79	六安市
76	湖州市	83	舟山市	81	台州市	80	马鞍山市	80	福州市
77	绍兴市	84	台州市	82	丽水市	81	淮北市	81	厦门市
78	金华市	85	丽水市	83	合肥市	82	安庆市	82	三明市
79	衢州市	86	合肥市	84	芜湖市	83	阜阳市	83	泉州市
80	舟山市	87	芜湖市	85	蚌埠市	85	六安市	84	漳州市
81	台州市	88	蚌埠市	86	淮南市	86	福州市	85	南平市
82	丽水市	89	淮南市	87	马鞍山市	87	厦门市	86	龙岩市

离乡半年到1年		离乡1年到2年		离乡2年到3年		离乡3年到4年		离乡4年到5年	
83	合肥市	90	马鞍山市	88	淮北市	88	莆田市	87	宁德市
84	芜湖市	91	铜陵市	89	铜陵市	89	三明市	88	南昌市
85	蚌埠市	92	黄山市	90	安庆市	90	泉州市	89	鹰潭市
86	淮南市	93	滁州市	91	黄山市	91	漳州市	90	赣州市
87	马鞍山市	94	阜阳市	92	滁州市	92	南平市	91	吉安市
88	铜陵市	95	宿州市	93	阜阳市	93	龙岩市	92	上饶市
89	安庆市	99	福州市	95	六安市	94	宁德市	93	济南市
90	黄山市	100	厦门市	98	福州市	95	新余市	94	青岛市
91	滁州市	101	莆田市	99	厦门市	96	鹰潭市	95	淄博市
92	阜阳市	102	三明市	100	莆田市	97	赣州市	96	枣庄市
94	六安市	103	泉州市	101	三明市	98	吉安市	97	东营市
98	福州市	104	漳州市	102	泉州市	100	济南市	98	烟台市
99	厦门市	105	南平市	103	漳州市	101	青岛市	99	潍坊市
100	莆田市	106	龙岩市	104	南平市	102	淄博市	100	济宁市
101	三明市	107	南昌市	105	龙岩市	103	烟台市	101	泰安市
102	泉州市	108	景德镇市	106	宁德市	104	潍坊市	102	威海市
103	漳州市	109	萍乡市	107	南昌市	105	威海市	103	聊城市
104	南平市	110	九江市	108	新余市	106	日照市	104	郑州市
105	龙岩市	111	鹰潭市	109	赣州市	107	临沂市	105	洛阳市
106	宁德市	112	赣州市	110	吉安市	108	德州市	106	平顶山市
107	南昌市	113	吉安市	111	宜春市	109	滨州市	107	濮阳市
108	景德镇市	114	宜春市	112	上饶市	110	菏泽市	108	许昌市
109	九江市	115	上饶市	113	济南市	111	郑州市	109	三门峡市
110	新余市	116	济南市	114	青岛市	112	洛阳市	110	武汉市
111	鹰潭市	117	青岛市	115	淄博市	113	焦作市	111	黄石市
112	赣州市	118	淄博市	116	枣庄市	114	濮阳市	112	宜昌市
113	吉安市	119	枣庄市	117	东营市	115	三门峡市	114	鄂州市
114	宜春市	120	东营市	118	烟台市	116	南阳市	116	咸宁市

离乡半年到1年		离乡1年到2年		离乡2年到3年		离乡3年到4年		离乡4年到5年	
116	上饶市	121	烟台市	119	潍坊市	117	武汉市	118	长沙市
117	济南市	122	潍坊市	120	济宁市	118	宜昌市	119	株洲市
118	青岛市	123	济宁市	121	泰安市	119	荆门市	120	衡阳市
119	淄博市	124	泰安市	122	威海市	120	孝感市	121	邵阳市
120	东营市	125	威海市	123	日照市	121	咸宁市	122	郴州市
121	烟台市	126	滨州市	124	滨州市	122	长沙市	123	怀化市
122	潍坊市	127	郑州市	125	菏泽市	123	株洲市	124	娄底市
123	济宁市	128	开封市	126	郑州市	124	湘潭市	125	广州市
124	泰安市	129	洛阳市	127	安阳市	125	衡阳市	126	韶关市
125	威海市	130	平顶山市	128	新乡市	126	岳阳市	127	深圳市
126	日照市	131	安阳市	129	漯河市	127	怀化市	128	珠海市
127	莱芜市	132	新乡市	130	信阳市	129	广州市	129	汕头市
128	临沂市	133	焦作市	131	武汉市	130	韶关市	130	佛山市
129	德州市	134	南阳市	132	十堰市	131	深圳市	131	江门市
130	聊城市	135	信阳市	133	宜昌市	132	珠海市	132	茂名市
131	滨州市	136	驻马店市	135	鄂州市	133	汕头市	133	肇庆市
132	菏泽市	137	武汉市	136	荆门市	134	佛山市	134	惠州市
133	郑州市	138	十堰市	137	孝感市	135	江门市	135	梅州市
134	开封市	139	宜昌市	140	咸宁市	136	湛江市	136	汕尾市
135	鹤壁市	141	荆门市	142	长沙市	137	肇庆市	137	河源市
136	焦作市	142	孝感市	143	株洲市	138	惠州市	138	清远市
137	濮阳市	144	咸宁市	144	衡阳市	139	梅州市	139	东莞市
138	漯河市	147	长沙市	145	邵阳市	140	汕尾市	140	中山市
139	三门峡市	148	株洲市	146	岳阳市	141	河源市	141	潮州市
140	南阳市	149	湘潭市	147	常德市	142	清远市	142	揭阳市
141	武汉市	150	衡阳市	148	益阳市	143	东莞市	144	南宁市
142	黄石市	151	邵阳市	149	郴州市	144	中山市	145	桂林市
143	宜昌市	152	岳阳市	150	怀化市	145	潮州市	146	北海市

离乡半年到1年		离乡1年到2年		离乡2年到3年		离乡3年到4年		离乡4年到5年	
145	荆门市	153	常德市	151	娄底市	146	揭阳市	148	钦州市
146	孝感市	154	益阳市	153	广州市	148	南宁市	154	重庆市
148	咸宁市	155	郴州市	154	韶关市	149	柳州市	155	成都市
152	长沙市	156	永州市	155	深圳市	150	桂林市	156	泸州市
153	株洲市	157	怀化市	156	珠海市	152	钦州市	157	德阳市
154	湘潭市	158	娄底市	157	汕头市	160	重庆市	158	内江市
155	衡阳市	160	广州市	158	佛山市	161	成都市	159	宜宾市
156	邵阳市	161	韶关市	159	江门市	162	泸州市	162	贵阳市
157	岳阳市	162	深圳市	160	湛江市	163	绵阳市	163	六盘水市
158	常德市	163	珠海市	161	茂名市	164	广元市	164	遵义市
159	郴州市	164	汕头市	162	肇庆市	165	遂宁市	165	安顺市
160	怀化市	165	佛山市	163	惠州市	166	内江市	168	昆明市
161	娄底市	166	江门市	164	梅州市	167	宜宾市	169	曲靖市
163	广州市	167	湛江市	165	汕尾市	171	贵阳市	170	玉溪市
164	韶关市	168	茂名市	166	河源市	172	六盘水市	185	西安市
165	深圳市	169	肇庆市	167	阳江市	173	遵义市	186	渭南市
166	珠海市	170	惠州市	168	清远市	176	昆明市	187	汉中市
167	汕头市	171	梅州市	169	东莞市	177	玉溪市	188	安康市
168	佛山市	172	汕尾市	170	中山市	191	西安市	189	兰州市
169	江门市	173	河源市	171	潮州市	192	宝鸡市	196	西宁市
170	湛江市	174	阳江市	172	揭阳市	193	咸阳市	200	银川市
171	茂名市	175	清远市	174	南宁市	194	延安市	201	石嘴山市
172	肇庆市	176	东莞市	175	柳州市	195	汉中市	202	吴忠市
173	惠州市	177	中山市	176	桂林市	196	安康市	205	乌鲁木齐市
174	梅州市	178	潮州市	177	梧州市	198	兰州市	206	克拉玛依市
175	汕尾市	179	揭阳市	186	重庆市	199	金昌市		
176	河源市	181	南宁市	187	成都市	203	西宁市		
177	阳江市	182	柳州市	188	自贡市	209	银川市		

续表

离乡半年到1年		离乡1年到2年		离乡2年到3年		离乡3年到4年		离乡4年到5年	
178	清远市	183	桂林市	189	泸州市	210	石嘴山市		
179	东莞市	184	梧州市	190	德阳市	211	吴忠市		
180	中山市	185	北海市	191	绵阳市	214	乌鲁木齐市		
181	潮州市	187	钦州市	192	广元市	215	克拉玛依市		
182	揭阳市	188	贵港市	193	乐山市				
184	南宁市	196	重庆市	194	南充市				
185	柳州市	197	成都市	195	宜宾市				
186	桂林市	198	攀枝花市	201	贵阳市				
187	梧州市	199	绵阳市	202	六盘水市				
188	北海市	200	广元市	203	遵义市				
190	钦州市	201	遂宁市	204	安顺市				
191	玉林市	202	内江市	208	昆明市				
194	重庆市	203	乐山市	209	曲靖市				
195	成都市	204	南充市	210	玉溪市				
196	自贡市	206	宜宾市	227	西安市				
197	攀枝花市	210	贵阳市	228	宝鸡市				
198	泸州市	211	六盘水市	229	咸阳市				
199	德阳市	212	遵义市	230	渭南市				
200	绵阳市	217	昆明市	231	延安市				
201	广元市	218	曲靖市	232	汉中市				
202	遂宁市	219	玉溪市	233	安康市				
203	乐山市	237	西安市	235	兰州市				
205	宜宾市	238	铜川市	237	天水市				
211	贵阳市	239	宝鸡市	244	西宁市				
212	六盘水市	240	咸阳市	251	银川市				
213	遵义市	241	渭南市	252	石嘴山市				
214	安顺市	242	延安市	253	吴忠市				
220	昆明市	243	汉中市	255	乌鲁木齐市				

续表

离乡半年到1年		离乡1年到2年		离乡2年到3年		离乡3年到4年		离乡4年到5年	
221	曲靖市	244	榆林市	256	克拉玛依市				
222	玉溪市	245	安康市						
233	西安市	247	兰州市						
234	铜川市	249	天水市						
235	宝鸡市	256	西宁市						
236	咸阳市	262	银川市						
237	渭南市	263	石嘴山市						
238	延安市	264	吴忠市						
239	汉中市	267	乌鲁木齐市						
240	榆林市	268	克拉玛依市						
241	安康市								
242	兰州市								
244	天水市								
247	西宁市								
254	银川市								
255	石嘴山市								
256	乌鲁木齐市								
257	克拉玛依市								

致　谢

本书的顺利完成和出版，离不开多方支持。首先要感谢国家自然科学基金青年项目"空气污染对劳动力区位选择的影响及作用机制：理论与实证研究"（71903201）和中南财经政法大学出版基金的资助。其次，感谢我的博士生导师安虎森教授，感谢石军伟教授，感谢所有给予我研究协助支持的各位领导和同事。再者，感谢我的硕士生们，主要参与研究协助的有李畅、黄宏伟、王倩倩和谢欢同学。最后，感谢我最亲爱的父母，感谢他们养育了我，感谢伴我成长的朋友们和茶友们。当然，还有感谢我最敬爱的茶道研究会会长，谢谢您的引领。

因作者水平和能力有限，本书可能存在不足之处，殷切希望读者朋友们百忙之中不吝赐教。

叶金珍

2023 年 9 月于中南财经政法大学